好好接孩子的话

乔洁◎著

台海出版社

图书在版编目（CIP）数据

好好接孩子的话 / 乔洁著 . -- 北京 ： 台海出版社，
2025.3. -- ISBN 978-7-5168-4168-6

Ⅰ．G78

中国国家版本馆 CIP 数据核字第 20250PN322 号

好好接孩子的话

著　　者：乔　洁	
责任编辑：徐　玥	封面设计：尚世视觉
策划编辑：光　雨	

出版发行：台海出版社

地　　址：北京市东城区景山东街20号　　　邮政编码：100009

电　　话：010-64041652（发行，邮购）

传　　真：010-84045799（总编室）

网　　址：http://www.taimeng.org.cn/thcbs/default.htm

E-mail：thcbs@126.com

经　　销：全国各地新华书店

印　　刷：三河市天润建兴印务有限公司

本书如有破损、缺页、装订错误，请与本社联系调换

开　　本：710毫米×1000毫米		1/16	
字　　数：125千字		印　张：11	
版　　次：2025年3月第1版		印　次：2025年5月第1次印刷	
书　　号：ISBN 978-7-5168-4168-6			
定　　价：52.00元			

前 ❤ 言

许多家长抱怨孩子不愿与自己沟通，每次回应都充满不耐烦；抱怨孩子不听话，动不动就发脾气，甚至用挑衅或对抗的态度回应家长的教育。

其实，问题的根源往往不在孩子，而在家长自身。正如我们常说的，孩子的问题，本质上都是家长的问题。许多家长并不了解孩子的情绪和需求，只是站在大人的角度回应；有些家长习惯用"强硬"的方式对待孩子，看到孩子哭闹就责骂，听到孩子提出要求就直接否定和批评；还有些家长缺乏耐心，不愿听孩子说话，忽视他们的需求，认为孩子只要"听话"就好……

这些家长爱孩子吗？当然爱，这是毋庸置疑的。但爱如果缺乏理解和尊重，往往会成为孩子反抗的根源。

这些家长虽然爱孩子，却在无意中给孩子带来了伤害。那些错误的回应，让孩子感受不到被重视、关爱和理解，也无法获得安全感，反而被自我怀疑、失望、委屈和愤怒等负面情绪填满。试问，在这样的情境下，孩子又如何能与家长进行有效沟通呢？

作为家长，我们必须学会好好接孩子的话，理解他们的需求和情绪，并尝试共情他们的感受。我们要耐心倾听，不忽视、不回避，读懂孩子话语背后的真正诉求；要采用"非暴力"的沟通方式，不否定、不指责、不吼叫、不嘲讽；要学会如何正确地赞美和拒绝孩子，以高情商的方式化解亲子矛盾和冲突。

可以说，学会好好接孩子的话，是亲子沟通乃至家庭教育成败的关键。掌握了正确而又高情商的接话技巧，才能让孩子真正感受到父母的爱，从而更加愿意理解和接纳父母，亲子关系也会因此更加亲密，矛盾和冲突自然会减少。

正因如此，我们精心编写了本书。本书通过剖析家长常见的错误回应方式，深入解读孩子的内心世界，并提供精准有效的沟通话语，旨在帮助家长掌握实用的沟通技巧，学会如何正确地与孩子对话。

这或许不是一件轻松的事情，但只要家长愿意学习、愿意改变，就一定能够做到。那么，现在，请翻开本书吧！

目 ❤ 录

第六章

夸孩子，需要高情商

第七章

拒绝孩子，怎么说他才能接受

第一章

亲子共情，
认同孩子的感受

共情，是亲子沟通的桥梁。家长学会共情，认同孩子的感受，才能精准接话，促进亲子沟通和谐有效。

我讨厌爸爸，讨厌妈妈，讨厌所有人

——孩子被负面情绪包围，家长如何解围

▷▷ 场景回放

小轩不小心把果汁打翻在沙发上。妈妈见状，皱着眉头走过来，语气严厉地说道："怎么这么不小心？跟你说过多少次了，玩的时候要注意点！"

小轩慌忙用小手去擦沙发上的果汁，却不小心把果汁抹得更开了。爸爸看到这一幕，忍不住责备道："你看看，这么简单的事都做不好！"

小轩的眼泪一下子涌了出来，激动地喊道："我讨厌爸爸！讨厌妈妈！讨厌所有人！"

✗ 错误示范

"你再说一遍试试？"

"你这么不懂事，真是白疼你了！"

"好啊，那你不要来找我们！"

✔ 好好接话

"我觉得你现在很难过，是不是觉得爸爸妈妈误会你了？"

"我知道你现在很生气，没关系，等你准备好了，我们再聊。"

"你说'讨厌我们'，爸爸妈妈有点难过。但我们知道，你其实是生气和委屈，对吗？"

🎧 听听 孩子的"真心话"

听到孩子大喊"我讨厌你们！"时，家长的第一反应往往是愤怒、伤心，甚至疑惑："我们为他付出那么多，他怎么能这样说？"但实际上，孩子口中的"讨厌"未必是真正的讨厌，而只是他们表达情绪的一种方式。

孩子的情绪管理能力尚未成熟，常常会用最直接、最极端的语言来表达当下的感受。当他们感到委屈、无助、羞愧甚至害怕时，大脑中控制情绪的部分——杏仁核会变得活跃，而负责理性思考的前额叶皮层则难以有效工作。因此，他们无法用更理性的方式表达自己的感受，而是选择用"我讨厌你们"这样最具冲击力的话来宣泄情绪。

其实，在孩子心里，这句话的真实含义可能是：

"我好难过，我觉得自己被误解了！"

"我很委屈，为什么你们只会批评我？"

"我害怕失去你们的爱！"

这就像成年人在气头上说出"我再也不理你了！"，但冷静下来后，依然珍惜彼此的关系。孩子的"讨厌"并不是对父母的真实评价，而是一种情绪化的表达。

如果家长不能理解这一点，反而用责备或冷漠的态度回应，不仅不会让孩子冷静，反而会让他们的情绪更加失控，加深彼此的隔阂。

家长接话指南

1. 保持冷静，避免正面冲突

当孩子说"我讨厌你们！"时，家长要控制住自己的情绪，不要立刻反驳或责备。给自己一些缓冲时间，并提醒自己：此刻孩子是被情绪控制了，而不是有意伤害我。

2. 用"翻译"思维，看懂孩子真正的情绪

孩子真正想表达的，往往是委屈、愤怒或害怕，而不是"讨厌"。这时，家长可以尝试"翻译"孩子的真实情绪，帮助他们整理情绪，让他们感受到父母的理解，而不是被否定。

3. 给予孩子"安全出口"，帮助他平复情绪

情绪需要宣泄的出口，尤其是孩子的情绪。家长可以为孩子提供"情绪缓冲区"，例如给予孩子一个温暖的拥抱，或为孩子留出一些冷静的空间。当孩子的情绪得到释放，并感受到被接纳，他才更愿意慢慢敞开心扉，去讨论事情的本质。

我不想去学校！不想见老师和同学

——每种坏情绪都事出有因，找到它

▶▶ 场景回放

周一早上，爸爸准备送皓皓去上学，可皓皓却磨磨蹭蹭，情绪似乎很低落。爸爸着急地催促道："皓皓，快点！再磨蹭就要迟到了！"

皓皓仍然没有加快动作，反而小声问道："爸爸，我不想去上学……你能不能帮我请假？"

爸爸有些生气，质问道："怎么回事？为什么不想去上学？赶快收拾好东西，别再磨蹭了！"

谁知，皓皓突然哭闹起来，一边哭，一边喊着："我不想去学校！不想见老师和同学！"

✗ 错误示范

"我现在数到三，你必须给我穿上鞋子去上学！"

"我们每天供你吃供你穿，还供你上学，你居然不想去？你这样对得起我们吗？"

"你还闹脾气！再闹，看我不教训你！"

✓ 妈妈接话

"皓皓,看起来你今天心情不太好,能和我聊聊发生了什么吗?"

"你可以先冷静一下,然后告诉爸爸发生了什么,好吗?是不是在学校遇到了不开心的事情,或者和同学有些小误会呢?"

"不想去学校,是不是有什么事情让你不开心?我们可以一起想办法,看看有没有合适的解决方式。"

🎧 听听 孩子的"真心话"

孩子的每种负面情绪,都是正常的情感宣泄,往往也有其原因。比如,孩子哭闹不止,可能是身体不舒服,或者感到被父母忽视,试图寻求关注;也可能是受了委屈,希望得到安慰,或者害怕某个人或某件事。

同样的道理,孩子因"不想上学""不愿意见老师和同学"而情绪低落,甚至大发脾气,也一定是事出有因。可能是学习上遇到了难题,比如学不会某个知识点,考试成绩不理想;也可能是人际关系出现问题,比如被老师批评、被同学孤立,或者在众人面前出了丑,被嘲笑了。

孩子发脾气,并不是无理取闹,而是在向父母传递信号:

"我不想去上学,是有原因的!"

"我遇到了困难,爸爸妈妈,快来帮助我!"

因此,无论孩子因何种原因情绪低落,家长都不应忽视,更不要急于压制,比如说:"干吗又乱发脾气?""再闹情绪,我就揍你!"这样的回应不仅无法解决问题，反而可能对孩子的心理产生负面影响。

家长接话指南

1. 表达同理心，接纳孩子的负面情绪

面对孩子的负面情绪，父母要及时关注和回应，而不是漠视或压制。在回应时，可以先表示："我知道你现在心情不好。"或者告诉孩子："你可以把情绪发泄出来，我会陪着你。"

2. 耐心询问，鼓励孩子说出情绪低落的原因

家长需要耐心与孩子沟通，引导他们表达情绪低落或发脾气的真正原因，了解他们为什么"不愿意去学校"。可以告诉孩子："无论什么时候，有不开心或困惑的事，都可以告诉爸爸妈妈，我们一起想办法。"

3. 引导孩子面对问题并正确解决问题

孩子之所以会产生负面情绪，往往是因为自己无法解决问题。此时，家长应根据具体情况，帮助孩子分析问题，并教他们应对类似情况的方法。当问题得到解决，导致孩子情绪低落的根源也就消除了。

老师冤枉我

——先照顾情绪，再寻找真相

▶▶ 场景回放

放学后，琪琪情绪低落地回到家，一声不吭地走进房间。妈妈发现她的眼睛红红的，便关切地问道："琪琪，怎么了？你是不是哭过？"

本来还强忍着情绪的琪琪，听到妈妈的询问，忍不住"哇"的一声大哭起来，抽泣着说道："呜呜呜，老师冤枉我！"

✖ 错误示范

"你先别哭，快说说是怎么回事？！"

"老师为什么冤枉你？你做了什么事情？"

"别哭了！哭就能解决问题吗？！我这就去问问老师，问问到底是怎么回事！"

✔ 妈妈接话

"我知道你现在很委屈，被老师冤枉的感觉确实很难受。"

"宝贝，妈妈好心疼你。来，抱一抱。"

"很委屈吧？想哭就哭个痛快吧。哭完了，再和妈妈说说到底发生了什么，好吗？"

"我能理解你的委屈和愤怒。等情绪发泄完，我们一起冷静下来，看看事情是不是像你说的那样，好吗？"

🎧 听听 孩子的"真心话"

人的情绪需要被看见和关注，尤其是孩子。当孩子哭着说"老师冤枉我"时，其实是在向父母传递这样的信息：

"我的心情糟透了！"

"我很委屈！爸爸妈妈，你们能不能安慰我？"

"我很难受，呜呜呜……我想哭！你能哄哄我吗？"

此刻，孩子最需要的，是他们的情绪被看见、被关注、被安慰。家长如果能够关注孩子的情绪，表达对他们的感受的在乎，便能给予孩子安慰和支持。因此，家长应当先"处理情绪"，再去探寻事情的真相。

如果家长一上来就急着追问："发生了什么事？""老师怎么冤枉你了？"或者敷衍地说："这种事经常发生，不用太在意。"甚至直接让孩子"反思自己"，那么孩子的情绪就得不到回应，反而会加深他们的委屈。他们可能会觉得："妈妈一点都不理解我！""我的感受根本没人关心！"甚至产生无助和孤独的情绪。

如果这种情绪得不到疏解，孩子可能会彻底崩溃，一发不可收拾，那时就更难去解决问题了。

家长接话指南

1. 安抚孩子，引导他适当释放情绪

家长应先安抚孩子的情绪，可以抱抱他，用温柔的话语安慰，或者让他在自己怀里好好哭一场，或者通过其他方式表达委屈。当情绪得到释放，孩子的负面情绪逐渐减弱，理智也会慢慢回归。

2. 询问细节，了解事情的真相

等孩子情绪稳定后，家长可以开始询问事情的详细经过，包括他当时做了什么，老师又是如何说的等。询问时要保持冷静，耐心倾听，避免刺激孩子的情绪，让他感受到父母的理解和支持。

3. 正面引导，帮助孩子正确解决问题

引导孩子进行理性思考，看看事情是否真的如他所说的那样。同时，教会孩子下次遇到类似情况时，如何向老师澄清，而不是把委屈憋在心里。帮助孩子学会沟通和表达，而不是一味地压抑情绪或逃避问题。

我生病了，您来幼儿园接我回家吧

——生病、接回家，先回应哪个更好

▶▶ 场景回放

芳芳刚上幼儿园不久。某天中午，芳芳妈妈接到幼儿园老师的电话，老师说芳芳闹别扭，怎么都不肯吃饭，还哭喊着要找妈妈。随后，老师将电话递给了芳芳，让她和妈妈通话。

妈妈接过电话，温柔地问道："芳芳，怎么了？为什么不吃饭？为什么想找妈妈？"

芳芳听到妈妈的声音，立刻哽咽起来，随后抽泣着说道："妈妈，我生病了，您来幼儿园接我回家吧……"

✗ 错误示范

"我现在正在上班，没办法去接你。你乖乖听老师话，可以吗？"

"宝贝，上幼儿园多好呀！能和小朋友玩游戏，怎么能吵着回家呢？你乖，等放学，妈妈再去接你，好吗？"

✓ 妈妈接话

"宝贝，你生病了？别着急，能和妈妈说说，你哪里不舒服吗？……嗯，妈妈知道你有些难受。不过，你先吃点饭，好吗？如果吃完后还是觉得不舒服，就告诉老师，妈妈再去接你回家，好吗？"

"宝贝，听到你生病了，妈妈很担心。不过，妈妈现在还在公司，没办法马上过去。等我和老板请好假，就去接你，好吗？你先乖乖听老师的话，吃完饭，睡一觉，和小朋友玩一会儿游戏。很快，妈妈就来了！"

"宝贝，听起来你真的不舒服，妈妈会尽快去接你。不过，在这之前，你要先吃饭，乖乖等着妈妈哦！"

🎧 听听 孩子的"真心话"

对于刚入园的孩子来说，由于离开妈妈，进入陌生环境，他们往往会产生分离焦虑。主要表现为不定时哭闹、依恋某位老师或家里带来的物品，以及频繁要求见妈妈、回家。

孩子闹别扭、不吃饭，说自己"生病了"，要求妈妈接她回家，其实是在表达：

"我想妈妈！"

"我需要妈妈的关心！"

此时，孩子的内心是焦虑的，缺乏安全感。家长应该先表达对孩子的关心，让她感受到被重视、被爱护。当孩子的情绪得到安抚，安全感建立起来，自然就不会再坚持要回家。

当然，在这个过程中，家长需要与老师沟通，确认孩子是否真的身体不适，然后再决定是否接她回家，以确保孩子的安全和健康。

家长接话指南

1. 立即给予孩子关心和安慰

无论孩子是因为情绪低落，还是确实生病了，家长都应第一时间表达关心，耐心询问孩子哪里不舒服，让他们感受到父母的爱与关怀。孩子一旦有了安全感，情绪自然会稳定下来，不再执着于闹情绪。

2. 侧重安抚孩子的情绪，避免过于直接或生硬的回应

在回应孩子是否能接回家时，家长要保持耐心和温柔，以缓解孩子的焦虑和恐惧。不能直接拒绝孩子的请求，更不能指责他们"你就是装病"或者"这么点小毛病就想回家，真是矫情！"，这样的回应不仅无法安抚孩子，反而会加重他们的不安和缺乏安全感，让情绪变得更加失控。

自然课真的很无聊

——只要倾听，不要说教

▷▷ 场景回放

期末考试成绩出来了，莉莉的自然课成绩一塌糊涂，连及格分都没达到。妈妈无奈地批评道："你说说看，其他科目都考得不错，为什么自然科学成绩这么差？"

莉莉叹了口气，皱着眉头说道："自然科学课真的很无聊，老师讲的那些内容太枯燥了，我根本听不进去。"

✕ 错误示范

"自然课不无聊啊！天气、气象是一件很有趣的东西，只要你认真去听，就可以发现其中的乐趣……"

"其实，你可以试着寻找一些方法，比如……这样就可以让自然课变得有意思一些。"

"自然课怎么会无聊呢？你就是在找借口！你总是这样，说这个无聊，说那个无聊……"

✔ 妈妈接话

"喔，自然课很无聊啊，你可以告诉我是什么让你觉得很无聊吗？"

"是吗？为什么这样说？是老师的讲课方式、课程内容，还是其他原因呢？能具体说说吗？"

🎧 听听 孩子的"真心话"

当孩子说"自然课很无聊"时，其实是在向家长诉说自己的困扰，希望得到倾听和理解。如果家长能认同她的感受，并表示愿意倾听，她才会愿意继续交流，并更容易接受你的建议。

然而，很多家长的第一反应往往是说教。他们认为自己讲的都是有道理的，出发点也是为孩子好，但实际上，孩子只会感到无趣和厌烦，觉得自己被指责或不被理解。在这样的情况下，孩子心里可能会想：

"父母只会教训我，根本不认同我的感受！"

"就会讲这些大道理，难道我不懂吗？"

结果就是，孩子不仅听不进家长的话，甚至会抗拒继续沟通。同时，她对自然课的抵触情绪也可能加深，导致接下来更加不愿意认真学习这门课程。

👍 家长接话指南

1. 多询问，少评论，少说教

过多的评论和说教会让孩子觉得自己不被认同和理解，从而拒绝继续沟通。因此，更好的方式是多询问，了解孩子的想法、感受和意见，并耐心倾听。在询问时，尽量使用开放式问题，而不是封闭式问题，让孩子有更多表达的空间。

2. 注意肢体语言

在询问和倾听时，要保持温和的态度，比如微笑、点头，让孩子感受到你愿意倾听他的烦恼，并重视他的想法和感受。如果孩子还小，可以蹲下来或抱着他，让他感受到安全感和亲近感。

3. 以朋友般的态度倾听，而不是高高在上的姿态

家长在与孩子沟通时，容易不自觉地摆出权威的姿态，而这种方式往往难以建立共情，也不利于孩子敞开心扉。因此，在倾听时，尽量保持朋友般的态度，与孩子平等交流，并以平视的目光注视他，让他感受到尊重和理解。

我想和 ×× 玩，但怕他不喜欢我

——分享相似经历，告诉孩子你能和他共情

▶▶ 场景回放

小区公园内，邻居家孩子 ×× 和几个小朋友正在玩游戏，好不热闹。小瑞拉着妈妈的手，羡慕地看着他们。

过了一会儿，小瑞怯生生地说："妈妈，我想和 ×× 玩，但怕他不喜欢我。"

✘ 错误示范

"你这么胆小哪行？想和谁玩就去！大大方方的。"

"他凭什么不喜欢你？去就行了！"

"我家宝宝天下最可爱，谁都爱跟你玩，去吧！"

✔ 妈妈接话

"我明白你的感受，因为我小时候也不敢主动找小伙伴玩，只能站在一旁看着他们玩得开心。不过，后来我发现自己的担忧是多余的。当我鼓起勇气去邀请他们一起玩时，他们往往都会很高兴地答应。"

"我理解你的担忧，害怕别人可能不喜欢你。妈妈小时候也遇到过类似的情况。有一个很受欢迎的小朋友，妈妈也很喜欢她，想和她做朋友，但又担心她朋友太多，不愿意和我玩。后来，我还是决定试一试……结果，我们真的成了好朋友！"

听听 孩子的"真心话"

当孩子说"我想和××玩，但又担心他不喜欢我"时，这句话反映了孩子内心复杂的心理。一方面，他们渴望与同伴建立联系，另一方面，又因为不自信、焦虑和担忧而犹豫不决。这时，孩子最需要的是家长的理解、支持和鼓励。

然而，简单的鼓励，比如"你要勇敢一些""主动去就能交到朋友""没什么好担心的"之类的话，往往起不到太大作用。这样的轻描淡写可能会让孩子觉得自己的情感需求被忽视，甚至认为父母并不理解自己的焦虑和恐惧。

更糟糕的是，若家长采取批评或指责的方式，不仅会加重孩子的焦虑和不安，还可能让他们变得更加自卑和敏感，在社交互动中产生更多的不确定感，甚至害怕主动交流。

因此，家长在给予孩子支持和鼓励的同时，可以适当地分享自己类似的经历，让孩子知道："我和你一样，我也有过这样的感受。"当孩子感受到父母的共情和理解，他们才会更加赞同父母的建议，更愿意接受鼓励，并尝试主动与人交往。

家长接话指南

1. 认可孩子的感受，关注孩子的反应

在分享经历之前，家长首先要认可孩子的感受，让他们感受到被理解和接纳，给予情感上的支持和安慰。同时，要留意孩子的情绪反应，确保分享的内容不会让他们更加焦虑或不安，而是能够带来安慰和鼓励。

2. 确保经历真实，生动，能引起孩子共鸣

分享自己的相似经历时，要尽量讲得生动有趣，增加一些细节和情感，使孩子更容易代入其中，感受到父母的共鸣。但要注意，分享的故事必须真实可信，不能夸张或随意编造，否则可能适得其反，让孩子对家长的话产生怀疑或反感。

3. 引导孩子思考，鼓励孩子尝试社交

在分享经历的同时，家长可以引导孩子思考：如果自己遇到类似情况，可以如何尝试与小伙伴建立友谊？鼓励他们勇敢表达自己的想法和感受，增强自信心，提高社交能力，从而更主动地融入集体。

第二章

聊天对话，听懂孩子的"潜台词"

有时，由于语言表达能力尚未完善，孩子会通过一些表面的话语来表达更深层的含义或需求。有时，由于害怕、担忧等因素，孩子可能会委婉地表达自己的想法。因此，接话时，家长需要注意孩子的表情、动作和语气，听懂孩子的"潜台词"。

妈妈，我跟您说，今天我遇到一件非常有趣的事

——想让孩子愿意分享？你的回应要有"共鸣感"

▷▷ 场景回放

媛媛放学回到家，叽叽喳喳地和爸爸分享着学校的事情。而此时，妈妈正在厨房忙着做晚饭。

不一会儿，媛媛跑进厨房，高兴地喊道："妈妈，我回来啦！"

妈妈没有停下手中的活儿，随口回应道："怎么啦？"

媛媛兴奋地说道："我跟您说，今天我遇到了一件特别有趣的事！"

✕ 错误示范

"哦，知道了。"

"哦，你遇到有趣的事了啊。对了，你今天的作业写完了吗？"

"知道了，知道了。你先打住，我还要忙着做饭呢！等过一会儿，我再听你说！"

✅ 好好接话

"真的吗？快接着往下说，我听着呢！"

"是什么有趣的事？这件事是怎么发生的呢？让我听听它到底有多有趣！"

"听你这样说，我对它感到很好奇。快和我说说，到底怎么回事？"

🎧 听听 孩子的"真心话"

当孩子遇到一件有趣的事情，迫不及待地想与父母分享时，他们其实是在寻求父母的关注，希望通过讲述来成为焦点，得到回应与认可。

如果家长能够及时给予正确的回应，让孩子感受到"我愿意听你说""我在关注你"，不仅能激发孩子的分享欲望，还能让他们感受到爱，认为"父母理解我，能和我产生共鸣"。

然而，许多家长却常常抱怨孩子不爱说话、不愿意与自己交流，甚至在聊天时显得兴致缺缺。但他们可能忽略了，孩子原本并不是这样。许多孩子小时候都喜欢与父母分享自己的喜怒哀乐，遇到高兴的事、不开心的事、烦恼的事，都会主动倾诉。然而，正是因为家长习惯性地敷衍、打断，甚至缺乏共鸣，才让孩子逐渐改变，变得不愿意表达，最终形成沉默寡言、不愿与父母交流的习惯，导致亲子关系越来越疏远。

因此，如果希望孩子愿意主动分享，愿意和父母畅所欲言，家长就要学会成为孩子的倾听者，给予孩子足够的耐心，并营造一种"共鸣感"，让孩子感受到，他们的声音被倾听，他们的情感被理解。

家长接话指南

1. 对孩子的话题表现出兴趣

当孩子分享某些事情时，家长要表现出高度的兴趣，多询问事情的经过，引导孩子更详细地描述事件，同时关注孩子的感受。可以询问："这件事是怎么发生的呢？""你当时有什么感觉？"

2. 展现出耐心倾听的姿态

倾听孩子讲话时，不仅要用积极的语言回应，还要展现出"我非常愿意听你讲"的态度，如放下手中的事情，注视孩子，微笑，或蹲下来拉着孩子的手，耐心倾听。

妈妈，弟弟的蛋糕好像比我的大

——这不是在计较大小，而是在表达感受

▷▷ 场景回放

妈妈带回一块蛋糕，分给姐弟俩。姐姐莎莎看了看自己的蛋糕，又看了看弟弟的，然后小心翼翼地说："妈妈，弟弟的蛋糕好像比我的大。"

妈妈笑着说道："怎么会？不是一样的吗？快点吃吧！"

莎莎仍然不信，闹着说："我要弟弟那块！他的蛋糕比我的大！"

✕ 错误示范

"我是平分的，怎么会一块大一块小？这么点小事，为什么要斤斤计较？"

"妈妈是公平的。你再这样闹，妈妈可要生气了！"

"宝贝，你只是觉得弟弟的蛋糕比你的大，但其实，妈妈分的时候是公平的。"

"这只是你的错觉。你觉得弟弟的蛋糕大，可能是因为它的形状或装饰让你产生了这样的感觉。"

✅ **妈妈接话**

"宝贝，你是不是担心我爱弟弟多一些，爱你少一些？当然不会！爸爸妈妈对你和弟弟的爱是一样的，给你们准备的蛋糕和其他礼物也是一样的。不过没关系，我们可以一起检查一下，确保是公平的，好不好？"

"你是不是担心我爱你的程度和爱弟弟的不一样？宝贝，妈妈向你保证，每块蛋糕的分量都是相同的，我对你和弟弟的爱也是一样的。你觉得弟弟的蛋糕比较大，可能只是角度不同哦。"

🎧 **听听 孩子的"真心话"**

孩子的内心是敏感的，表达方式往往也较为含蓄，可能不会直接说出自己的真实感受。例如，当他们抱怨"妈妈，弟弟的蛋糕好像比我的大"时，表面上是在谈论蛋糕的大小，实际上，他们可能是在担心妈妈是不是更偏爱弟弟，并借此询问：

"妈妈，你是不是更爱弟弟一些？"
"妈妈，你爱弟弟多一些，爱我少一些，对不对？"

此时，如果父母忽视孩子的感受，直接批评他们胡思乱想、没事找事，或者只围绕蛋糕大小做解释，孩子就可能更加确信自己的猜测，认为父母确实更偏爱弟弟。接下来，他们可能会通过哭闹或大声要求："我要更多蛋糕！""我要比弟弟多一些！"

如果父母的回应是批评或责骂，孩子的焦虑感会进一步加深，甚至会更坚定地认为自己得不到父母同样的关爱。长此以往，孩子容易因为

"缺爱"而产生安全感不足的问题。

因此，在面对类似情况时，父母的回应不应仅仅针对事件本身，而要直接向孩子传达："爸爸妈妈的爱是公平的。""我们对你和弟弟的爱是一样的。"通过这样的肯定表达，帮助孩子建立安全感，让他们感受到父母对自己的重视与关爱。

家长接话指南

1. 有效倾听，不急于接话

认真倾听孩子的话语，尝试理解其言语背后隐藏的情感、需求和期望。如果不确定孩子真正想表达的意思，可以耐心询问："你为什么这么说呢？"并给予孩子足够的时间表达自己内心的想法。

2. 理解孩子的感受，而不是直接纠正

当理解孩子的情感和期望后，家长要及时表达理解，并给予孩子积极的反馈。例如，可以说："我理解你的感受，你是不是担心爸爸妈妈会更爱弟弟一些？这种担心让你感到不安和害怕，对吗？"

3. 针对孩子的隐含需求，以关心和爱来回应

无论孩子的话语中隐含着怎样的情感或需求，家长都应以关心和爱来回应，并明确告诉孩子："爸爸妈妈的爱是一样的，我们对你和弟弟的爱从来没有区别。"通过温暖的话语，让孩子感受到安全感和被重视的爱。

我们班来了一个新同学，同学们好像不愿和他玩

——别着急评价，多问问具体情况

▶▶ 场景回放

吃完饭，悦悦坐在妈妈身边，欲言又止。

妈妈察觉到悦悦有话要说，便主动问道："悦悦，你是不是遇到什么事了？或者有什么难题？和妈妈说说吧！"

有了妈妈的鼓励，悦悦鼓起勇气，说道："妈妈，我的确遇到了一个问题。我们班来了一个新同学，可是大家好像都不愿意和他玩。"

✗ 错误示范

"怎么能排挤新同学呢？这样是不对的，新同学刚来，大家应该多关心他才对。"

"哎，那个新同学挺可怜的，你可以多帮帮他。"

"是不是那个新同学不太受欢迎？既然大家都不愿意和他玩，你也随大溜吧，免得给自己惹麻烦。"

"别想那么多了，把自己的事管好就行了。"

✓ 妈妈接话

"哦，是这样吗？那个同学来了多久了？性格开朗吗？他愿意主动融入集体吗？"

"同学们的表现是怎样的？有没有发生什么特别的事情，让你觉得他们不愿意和他玩？"

"对于这件事，你有什么感受？你觉得同学们为什么不愿意和他玩呢？"

🎧 听听 孩子的"真心话"

当孩子向父母讲述一件事时，往往是因为他们对此感到困惑，不知道如何处理，想要寻求意见和帮助。孩子说："我们班来了一个新同学，同学们好像不愿和他玩。"其实是在表达：

"遇到这种情况，我该怎么办？"
"我是该随大溜，还是去关心照顾新同学？"

同时，孩子可能还在担心：如果自己选择关心新同学，其他同学会不会因此不愿意和自己玩？

此时，家长需要听懂孩子的"潜台词"，帮助他们解答困惑，并给予积极的建议。但前提是，家长必须先弄清楚具体情况。例如：

为什么同学们不愿意和新同学玩？
是同学们的问题，还是新同学自身的原因？
抑或是孩子的观察有误，得出了错误的结论？

只有在了解清楚这些情况后，家长才能给予孩子正确的引导。如果家长不加了解就急于评价或下结论，不仅无法真正解决孩子的问题，反而可能误导他们，导致他们产生错误的认知，甚至影响孩子建立健康的社交关系。

家长接话指南

1. 不要否定孩子的观察

孩子是敏感的，尤其对人际关系问题有特殊的感知。当孩子提出问题，如"××不愿和我玩"或"同学不愿和××玩"时，家长不能直接否定孩子的话，比如说："你想多了""你太敏感了"。这种回应忽视了孩子的真实感受，可能让孩子觉得自己不被理解，还可能损害自尊心，使他们变得自卑和退缩。

2. 询问细节性问题，而不是抽象性问题

想要了解具体情况，就需要问一些细节性、有针对性的问题，而不是抽象、模糊的问题。例如，若是问"为什么"或"你怎么知道"，孩子可能一时不知道如何回答，导致问题得不到解决。

3. 重视孩子的问题和情绪

家长不要忽视孩子的困惑，更不要说"这没什么大不了的""你管好自己，不要管别人"。这些回应无法真正解决孩子的问题，也没有关注他们的情绪，可能让孩子觉得被忽视，感到更加无助。

我才不像××，还喜欢什么生日"惊喜"

——孩子"嘴硬心软"？读懂他的弦外之音

▶▶ 场景回放

林林生日快到了，妈妈询问他想要什么礼物，林林假装不在乎地说："随便！什么都可以！"

妈妈思考了一会儿，说："上次××过生日，你们玩得很开心，他的父母给他准备了什么礼物？"

林林眼睛一亮，似乎充满期待，但随即又嘟囔道："我才不像××，还会期待什么生日'惊喜'……"

✖ 错误示范

"那好吧。既然你不喜欢，就算了。"

"不喜欢就不喜欢，说人家××干吗！"

"你这孩子就是另类！别的小孩子都喜欢生日'惊喜'，你竟说不喜欢……"

✅ 妈妈接话

"所有小孩都喜欢惊喜，我怎么会不懂你的心思呢！"

"我看得出来，其实你心里还是很期待有些特别的事情发生，对吧？我已经准备好了，就等着你生日那天迎接一个大大的惊喜吧！"

"我明白，你可能觉得直接说出来喜欢惊喜有点害羞或者不好意思。没关系，妈妈懂你。"

🎧 听听 孩子的"真心话"

一些孩子性格较内向，不善于表达，不习惯直接说出自己的想法和意见；有些孩子则出于种种原因，不好意思提出自己的要求，而是用含蓄、委婉的方式表达，甚至故意说反话。

比如，听说朋友去了动物园，自己也想去，但不会直接说："妈妈，我想去动物园。"而是说："妈妈，今天小花说她爸爸带她去动物园了，那里有很多小动物……"

再比如，看着别人收到礼物，眼巴巴地望着，当家长询问他要不要时，不好意思承认，而是说反话："我才不要！"

这种情况下，如果家长听不懂孩子的心思，只是按照字面意思回应，孩子一定会感到失望，甚至埋怨：

"妈妈一点都不理解我！哼，妈妈真讨厌！"

相反，如果家长能够听懂孩子的"话外之音"，并给予正确的回应，比如："是吗？你喜欢动物吗？下周我们也去动物园吧！"或"我觉得你好像挺喜欢的，妈妈给你买一个吧！"孩子一定会非常开心。

作为家长，在与孩子交流时，要乐于倾听、善于倾听，同时了解孩子的喜好，仔细观察他们的情绪。尤其是当孩子进入叛逆期，家长更应给予足够的理解和关怀，这样才能真正读懂孩子的言外之意，理解他们的情绪和最真实的想法。

家长接话指南

1. 侧重关注孩子的情绪

接孩子的话时，不仅要听他说了什么，还要关注他的情绪。孩子的内心是藏不住事的，对一件事或物品的喜欢或厌恶，很容易从情绪上表现出来。家长只要保持敏感，在听孩子说话时仔细观察他的情绪是否与话语相符，就能判断他说的话是否是他的真实想法。

2. 仔细观察孩子的肢体语言

孩子的肢体语言，尤其是微表情和小动作，往往能真实反映他们的内心想法。因此，在与孩子相处的过程中，父母应该细心留意这些细节，透过小动作了解孩子的真实心思，读懂他的"话外之音"。

3. 注意接话方式，温柔地点破

当孩子说话含蓄或说反话时，家长可以温和地点破，直接道出他的真实想法，并询问他的意见。但要注意说话方式，避免嘲笑或逗弄孩子，尤其是内向的孩子，否则只会适得其反，让孩子更加不愿意表达自己的真实想法。

哼！我再也不理 ×× 了

——别急着讲道理，先帮他梳理烦恼

▶▶▶ 场景回放

某天下午，张张高高兴兴地去找朋友 ×× 玩，可没过一会儿，他就气呼呼地回到家，坐在沙发上生闷气。

妈妈觉得奇怪，关心地问道："宝贝，你看起来很生气，发生什么事了？"

张张愤愤地喊道："哼！我再也不理 ×× 了！"

✖ 错误示范

"和 ×× 发生矛盾了吗？你们是好朋友，应该友好相处。就算有些矛盾，也没什么大不了的，解决了还是好朋友。有时候，我们可能会因为一些误会或小事生气，但如果直接不理对方，可能会让问题变得更复杂。"

"你怎么这么小气？！一点都不懂得宽容吗？小伙伴之间发生矛盾是正常的，你要学会包容一些，不能总是斤斤计较。"

"太不像话了！如果你总是这样爱发脾气，不和这个朋友玩，不理那个伙伴，久而久之，别人也会不愿意和你做朋友。"

✓ 妈妈接话

"看起来你和××闹别扭了。来，跟妈妈说说，心里有什么不舒服的。"

"听起来你现在很生气。别急，先跟妈妈说说，是××做了什么让你不开心的事，还是你们因为什么事发生了争吵？其实，下次如果再遇到类似的情况，你可以试着和××好好谈谈，告诉他你的感受。"

🎧 听听 孩子的"真心话"

当孩子说"再也不理××了"时，说明他可能受了委屈，或者与小伙伴发生了不愉快的事情。

此时，孩子的内心已被负面情绪填满，他们希望父母能理解自己的感受，给予他们同情和支持，并帮助自己解决问题。

如果家长一上来就讲道理，告诉孩子"你不该这样"或"你应该那样"，不仅无法平息孩子激动的情绪，反而会加重他们的负面情绪，使情况变得更糟。

对于孩子来说，不仅要承受自己的不良情绪，还要面对父母的教育、数落和批评，试想一下，在这样的情况下，他们又怎么可能听进去道理呢？

正确的做法是，家长先表达对孩子情绪的理解和关注，然后邀请他们分享具体的烦恼，最后提出一起寻找解决方案的意愿。这样不仅能让孩子愿意倾听，也能帮助他们学会如何调节情绪，并正确处理与同伴的冲突。

家长接话指南

1. 认可孩子的情绪，梳理孩子的烦恼

在回应孩子之前，家长要先认可他们的情绪，让孩子知道自己的感受被理解和接纳。然后，引导孩子表达情绪，鼓励他们用语言描述自己的感受。这样，孩子才更愿意敞开心扉，分享自己的烦恼，并道出事情的原委。

2. 尽量不和孩子讲大道理

孩子最讨厌家长讲大道理，尤其是在情绪激动的时候，他们根本听不进去，甚至会产生逆反心理。因此，家长在回应时，应尽量避免直接说教。即便孩子做错了，或者乱发脾气，也要先帮助他们缓解负面情绪，等他们冷静下来，再以平和的语气给出有效的建议。

妈妈，您说得不对。我已经10岁了，可以单独和同学外出了

——观点不一致，也要保持开放态度

▶▶ 场景回放

周六上午，浩浩兴冲冲地找到妈妈，说："妈妈，我昨天和同学约好了，今天下午一起骑车去××公园玩。我们单独去，不需要爸爸妈妈陪。"

妈妈耐心地解释道："孩子，你年纪还小，不能单独外出。不如，妈妈陪你去吧！"

浩浩连忙摇头，说："妈妈，您说得不对！我已经10岁了，可以单独和同学出去玩了！"

❌ 错误示范

"不行，你还小，不能单独外出，必须得有大人陪着。"

"你怎么这么不懂事，单独外出多危险！要是遇到危险怎么办？"

"我是大人，我说了算！你必须听我的！"

✓ 妈妈接话

"宝贝，我知道你已经 10 岁了，也很勇敢、很独立。但妈妈还是会担心你的安全。毕竟，咱们家离 ×× 公园有些远，路上车多人多，你们几个小朋友单独去确实不太安全。不如等你们再大一些，学会更好地遵守交通规则，有了更多经验和能力后，再考虑是否可以单独外出，好吗？"

"孩子，你觉得自己 10 岁了，可以单独外出，这说明你有勇气，也越来越独立，妈妈很高兴看到你的成长。但是，独自外出仍然存在一些潜在的危险。我们可以商量一下，比如你可以和同学在小区里玩，或者在妈妈的陪同下去 ×× 公园，这样既能保证安全，又能让你和朋友玩得开心。好吗？"

听听 孩子的"真心话"

孩子到了某个年龄阶段，会渴望独立，渴望拥有一定的自主权。当他说"我长大了""我可以单独去做某些事"时，其实是在向父母宣告：

"我要独立！"

"我要成为自己的主人，做自己想做的事！"

尽管他们的年龄还小，能力和经验尚不足以完全胜任这些事情，但此刻，独立的意识已经开始萌芽。

家长在回应时，千万不能直接告诉孩子"不能做""有危险"，或者"你太小""你的能力不够"。这样的回应会让孩子感到不被尊重，容易产生逆反心理。同时，这些否定的信息不断灌输给孩子，会在孩子的潜意识中形成一种信念，使他们变得胆小、畏缩，不敢尝试新事物。

更重要的是，如果孩子的想法一味地被压制，他们可能会习惯于服从父母的意见，逐渐缺乏表达的勇气，甚至变得没有主见，独立意识也会受到抑制。

家长接话指南

1. 尽量做到倾听与尊重

与孩子交流时，要给他们足够的时间表达观点，试着站在他们的角度思考，理解他们的想法。千万不能摆出家长的架子，直接命令孩子"你必须听我的"，更不能指责他们"怎么这么不听话"。否则，孩子会产生抵触和厌烦心理，就算表面上服从，内心也未必真正认同。

2. 尽量采用协商的口吻

当孩子的观点不够成熟或不够合理时，家长可以坚持自己的立场，但表达方式要温和，尽量采取协商的口吻。通过讨论，与孩子一起找到双方都能接受的解决方案，让他们学会如何在不同的观点之间找到平衡。

3. 表达爱与支持

即使观点不同，也要努力理解孩子的立场，让他们感受到父母的爱与支持。让孩子明白："妈妈是为了我好，而不是想控制我。"这样，他们更容易接受父母的建议，而不是一味对抗。

第三章

非暴力回应，有效建立情感连接

否定、指责、吼叫、说教、嘲讽等都属于暴力回应方式，很容易引起亲子冲突。家长应该采用非暴力回应的方式来接话，多一些肯定，少一些否定；多一些平和，少一些攻击；多一些理解，少一些说教。

妈妈，我想买双新运动鞋，同学们都买了××款式

——否定式回应，究竟否定了什么

▶▶ 场景回放

周末，妈妈正在客厅打扫卫生，明明兴奋地跑过来，说："妈妈，我们去商场吧！"

妈妈好奇地问："你想买什么东西吗？"

明明一脸笑容，高兴地说："我想买双新运动鞋，同学们都买了××款式。"说着，他向妈妈展示和几个同学的聊天记录，"您看，好几个同学都买了，××和×××也说这周末要去买。"

❌ 错误示范

"不行！你怎么什么都想要，什么都想买？！"

"就知道在这些方面攀比，怎么不在学习上多比一比？你学习不如××，怎么不看看人家成绩好的同学？"

"你怎么这么不体谅父母？！爸妈赚钱这么辛苦，你却总想着买这买那，真是不懂事！"

✅ 好好接话

"宝贝，你也想要那双 ×× 款式的运动鞋呀？我们先看看那双鞋是不是真的适合你，还有家里的预算情况。如果确实需要，我们可以找个合适的时间一起去买，怎么样？"

"嗯，那个款式的确不错。看到别人有新东西，你也想要，妈妈可以理解。不过，上个月妈妈刚刚给你买了一双，对吧？再买一双好像有些浪费。我们可以买自己喜欢的、适合自己的东西，但最好不要因为攀比而购买。"

🎧 听听 孩子的"真心话"

孩子会向父母提出一些正常的要求，也可能因为攀比心理，希望父母购买额外的物品。这时，许多家长习惯性地直接否定。

每个人都有自尊心，孩子虽然年纪小，但自尊心往往更强。他们不喜欢被批评，更不喜欢被否定。即便只是犯了一些小错，或存在一些小缺点，也希望能被理解和接纳。如果家长一再否定，不仅否定了孩子的需求，也否定了他们的期望、自信、自我价值以及"配得感"。

这样的打击会让孩子感到委屈、失望，甚至失去信心和希望，认为：

"我什么都不配得到。"

"我什么都做不好……"

长此以往，一个无形的标签会悄悄贴在孩子心里，上面写着三个字——"我不好"。

因此，家长在回应孩子时，尽量避免采取否定式的表达方式。

家长接话指南

1. 保持积极的态度，不轻易说出否定的话

无论何时，家长都应采取积极、正面的接话方式，避免使用否定性或带有指责意味的话语。可以先用微笑或简短的语言表达对孩子的想法的理解，然后用开放式问题引导孩子思考自己的真实需求和选择，比如："你为什么喜欢这双鞋呢？"

2. 从孩子的角度出发，有温度地沟通

每个人都需要被肯定和尊重，孩子更是如此。即便家长不赞成孩子的要求，也应该站在孩子的角度思考问题，理解他们的心理需求，让孩子感受到"我是被尊重的""父母关心我的感受"，从而让沟通更具温度和共鸣。

妈妈，我现在不想写作业

——指责、训斥、吼叫，避免这些"攻击式"回应

▷▷ 场景回放

涛涛放学回到家，就打开电视机，看起了动画片。妈妈提醒道："宝贝，回家后应该先写作业，写完作业再看电视。"

涛涛随口答应着："知道了，知道了，我马上就去写。"可却迟迟没有行动。见状，妈妈又一次催促，涛涛这才慢吞吞地回到房间。然而，十分钟后，妈妈去检查时，却发现他坐在书桌前发呆，一个字都没写。

妈妈有些生气，训斥道："看看你刚才都干了些什么？快给我好好写，我在这里盯着你！"

涛涛央求道："妈妈，我现在不想写作业。我想先看动画片，过一会儿再去写。"

✗ 错误示范

"你这孩子，怎么这么不听话？整天就知道看电视……快去写作业，别磨磨蹭蹭！"

"快点写作业！我就说一遍！要是再不听话，小心我收拾你！"

"不行！赶紧写作业！……我在跟你说话，你没听见吗？！"

✓ 妈妈接话

"宝贝，看起来你今天有点累了，写作业确实需要精力。要不先休息10分钟，然后认真写作业，写完再看电视，怎么样？"

"孩子，我知道你喜欢看动画片，它们确实很有趣。但是学习和完成作业也很重要。这样吧，你答应我每天回家后先完成作业，再看电视，我也答应你，每天可以多看10分钟，好不好？"

🎧 听听 孩子的"真心话"

孩子，尤其是年龄小的孩子，不爱写作业、贪玩、爱看电视，是再正常不过的。然而，大多数家长却把这些行为视为"不听话"，并采取指责、训斥的方式来回应，情绪激动时甚至会大喊大叫，企图用这种方式来"威慑"孩子。

这有效吗？很明显，并没有什么效果。相反，家长越是这样，孩子反而越"不听话"！当家长用指责和训斥的话语时，孩子一开始可能会害怕，担心自己受到严厉的惩罚或失去家长的爱。

但时间长了，孩子可能会对这些责骂"免疫"，甚至产生排斥情绪和逆反心理。他们心里可能会想：

"哼！爸爸妈妈就知道骂我！你越骂我，我越不听！"

"妈妈只会吼叫，真是烦人！"

"哼，又来骂我。其实我根本没听进去，满脑子想的是'别骂了，什么时候结束'……"

更严重的是，孩子可能会模仿家长的攻击性行为，表现出更多的反抗或攻击性举动。长期如此，亲子间的沟通会变得困难，即便家长只是正常交流，孩子也可能习惯性地抵触，甚至用攻击或反抗的语言回应。

家长接话指南

1. 努力让自己冷静下来，控制住不对孩子发火

保持冷静是避免攻击式回应的关键。情绪激动时，家长容易说出指责、训斥的话，甚至大喊大叫。因此，在回应孩子之前，家长要努力让自己冷静下来，意识到自己的情绪变化，并及时调整。一个有效的方法是深呼吸几次，在心里默念 1、2、3……让自己缓和情绪，再开口说话。

2. 学习非暴力沟通的技巧

家长不仅要关注自己的观察、感受、需求和请求，以更温和的方式表达自己，还要学会洞察孩子的心理，尝试理解他们的立场和感受。建立共情，能有效减少亲子之间的冲突，让沟通更加顺畅。

3. 提示性沟通，尽量用正面的语言

孩子并不是完全不懂事、不听话，而是考虑问题没有那么全面。当孩子提出一个请求或想法时，家长可以采用提示性的沟通方式，引导他们做出正确的选择，而不是一味训斥。同时，要注意同样的意思可以用不同的方式表达，避免使用负面语言，而是用更积极、正面的语言来引导孩子。

今天有点冷，我都有些感冒了

——正确关心，而不是指责式关怀

▷▷ 场景回放

明明放学回家后有些蔫蔫的，吃完饭就回房间了，并不像往常那样缠着妈妈聊学校的趣事。妈妈发现后，关心地询问他是否遇到了不开心的事。

明明低着头说道："妈妈，今天有点冷，我有些感冒了。上课的时候偶尔咳嗽，还有些流鼻涕。"

✖ 错误示范

"我就说今天很冷吧？让你多穿衣服，你就是不听，现在感冒了吧！"

"谁让你不多穿衣服？这就是自作自受！以后再不注意保暖，感冒了可别跟我抱怨！"

"说了多少遍，这几天降温，要多穿点衣服，注意保暖！你就是不听，这下感冒了，活该！"

✅ **妈妈接话**

"这几天突然降温，确实容易感冒。来，我给你找点感冒药，倒杯温水，你吃了药后休息一会儿。如果需要的话，妈妈带你去看医生，好吗？不过，以后要听妈妈的建议，注意天气变化，及时添衣哦。"

"你现在感觉怎么样？来，妈妈看看，是不是发烧了？这样吧，先喝点热水，吃片感冒药，我们再观察一下。这几天天气不好，你要学会好好照顾自己，也要听妈妈的话，多穿衣服哦！"

🎧 **听听 孩子的"真心话"**

很多时候，家长本意是表达关心，但说出口的却往往变成了指责，甚至带有伤人的语气。家长的责备，确实是为了让孩子"长记性"，避免再次犯错或受到伤害。然而，这样的接话方式不仅无法让孩子感受到关心，反而会激起他们的抗拒、反感和逆反心理。

没人喜欢被指责，面对指责，人们的第一反应通常是自我防御。当家长以指责式的"关怀"回应孩子时，孩子可能会产生以下想法：

"哼，妈妈就会指责我！我都生病了，她还骂我，我讨厌妈妈！"
"你越说我，我越不听你的话！"
"妈妈一点都不爱我！那我以后也不爱妈妈了！"
"以后我感冒了／受伤了，也不告诉妈妈了！反正她只会骂我，一点都不关心我！"

可以说，习惯用指责式关心孩子的家长，往往会在无意间伤害了孩子，却不自知，甚至沉浸在"我是为你好"的自我感动中。当孩子"不

049

懂感恩"或"不听话"时，家长则更加愤怒、心寒，加重指责，最终导致亲子关系越来越恶化。

因此，家长们必须明白：指责式关心，本质上就是指责，并不等于真正的关心；如果孩子无法理解和接受父母的爱，那么这份爱就等于不存在。真正的关心，就应该用温和、理解的方式表达，避免暴力沟通，让孩子真正感受到被爱和被关怀。

家长接话指南

1. 关注感受而不是行为

当孩子表达不适或遇到问题时，家长应首先关注并回应他们的感受，而不是直接批评或指责他们的行为。例如，可以说："你看起来不太舒服，需要妈妈帮忙吗？"而不是："你怎么这么不小心？"

2. 学会正确地表达关心

正确表达关心，把话说得温和一些，才能有效建立与孩子之间的情感连接。在表达关心时，尽量把关注点放在孩子身上，直接说出"我担心你""我心疼你"，或者用具体、正向的语言表达关怀，并给予实际的帮助。例如，提供药物或陪伴，提醒孩子多穿衣服等。

3. 事后弥补，告诉孩子你爱他、关心他

如果一时情急脱口而出说了指责的话，家长要及时弥补，明确告诉孩子爸爸妈妈是爱他、关心他的，并为自己过激的言语道歉。同时，要积极调整自己的说话方式，在表达前先思考，避免因情绪上头而说出伤害孩子的话。

提升 10 个名次？这件事情有些难度，我可能做不到

——你句句不离"应该"，孩子事事与你作对

▷▷ 场景回放

临近期末考试，妈妈找到雅丽，询问她的复习进度，是否有信心考出好成绩。雅丽自信满满地说："我最近很努力学习和复习，成绩肯定比之前进步很多！"

妈妈点点头，笑着说："嗯，很不错！剩下的这段时间，你再多加把劲，争取提升 10 个名次！"

听了这话，雅丽连连摇头，说："提升 10 个名次？这个有点难度，我可能做不到。"

✗ 错误示范

"你应该相信自己！接下来，制订一个更好的复习计划，把时间充分利用起来！"

"别人能做到，你也应该可以！上次 ×× 提升了将近 20 个名次，所以这并不是特别难的事。只要你肯努力、勇敢面对，就一定可以做到。"

"我知道这有些难度，但面对困难，怎么能轻易退缩呢？无论什么时

候，你都应该迎难而上，挑战自己！"

✓ 妈妈接话

"孩子，提升10个名次确实有些难度，但你要对自己有信心。我们可以一起分析目前的学习状况，制订具体的提升计划，一步步实现这个目标，怎么样？记住，只要努力，没有什么是不可能的。"

"孩子，每个人都有潜力去完成超出自己想象的事情。所以，我希望你不要轻易否定自己，而是尝试去挑战看看。说不定，你会发现自己能做得比想象中更好呢。"

🎧 听听 孩子的"真心话"

有些家长与孩子谈话时，总是离不开"应该"二字。他们认为孩子应该好好学习，应该比别人做得更好，应该达到家长的要求，应该把全部精力都用在学习上，等等。

然而，当父母说出"你应该如何如何"时，表面上是在提建议，实际上却是在把自己的想法强加给孩子，要求他们必须听从。这种沟通方式会让孩子觉得自己的意见和感受不被尊重，进而降低自我价值感，导致沟通上的抵触、反感甚至愤怒。

或许刚开始，孩子对某些事情还充满信心和积极性，但一听到"你应该……"，就瞬间泄了气，甚至故意不去做。

此外，"应该式"回应还会给孩子带来巨大压力，使他们担心无法达到父母的期望。压力越大，行动力越弱，最终陷入焦虑和无助。

因此，家长应尽量避免过度使用"应该式"语言，而是采取更加积极、理解和支持的态度，与孩子进行有效沟通。

家长接话指南

1. 变"你应该"为"我希望"

在与孩子交流时，应尽量避免使用"你应该这样做"这样的命令式表达，而是将要求或命令转化为建议和期望。例如，不说"你应该制订一个学习计划"，而可以说"你可以尝试制订一个学习计划"；不说"你应该多付出些努力"，而可以说"我希望你能多付出些努力"。

2. 多询问，多倾听，强调孩子的选择权和自主权

孩子之所以会抵触，甚至故意与家长作对，往往是因为他们觉得自己被命令或强迫。因此，家长在回应时，可以多问孩子"你觉得呢？"或"你有什么想法？"鼓励他们表达意见，让他们感受到自己的选择权和自主权被尊重，从而减少对抗情绪，提高沟通的效果。

妈妈，我今天把房间打扫干净了！我厉害吧

——嘲讽孩子的习惯，请一定要戒掉

▷▷▷ 场景回放

周末下午，强强妈妈外出办事回到家，发现强强并不像往常那样在客厅看电视，而是似乎在房间里忙碌着什么。

妈妈高声询问："强强，妈妈回来了！你在房间里做什么？"

强强兴奋地跑出来，骄傲地说："妈妈，我今天把房间打扫干净了！我厉害吧！"说完，他还仰起小脸，期待着妈妈的夸奖。

✗ 错误示范

"哎哟！太阳从西边出来啦？我们家大少爷居然主动打扫房间了？这可真是稀奇！"

"就打扫了一次房间就觉得自己厉害了？那你以前怎么没这么勤快呢？"

"这么勤劳？是不是又想从妈妈这里得到什么好处？"

"打扫个房间有什么大不了的？人家××早就自己打扫房间了，而且还经常帮父母做其他家务，比如……"

妈妈接话

"孩子，你真厉害！主动打扫房间，而且还整理得这么干净。妈妈真高兴，我们家强强长大了！"

"哇，房间真的变了个样！你打扫得真干净，妈妈好喜欢这个整洁的房间。"

"孩子，你能主动把房间打扫得这么干净，真是出乎我的意料。做家务不仅能让生活环境更舒适，还能培养你的独立性和责任感。继续保持这个好习惯哦！"

听听 孩子的"真心话"

嘲讽就像一把刀，能深深伤害孩子的自尊和自信。然而，许多家长并不明白这个道理，习惯性地把讽刺、嘲笑挂在嘴边。当孩子表现出积极的行为时，他们不但不夸奖，反而语带讽刺地说："这有什么大不了的？""太阳从西边出来啦？！"当孩子犯错时，更是夹杂着讽刺和责备："小事都做不好，你还能做好什么？""就没见过你这么笨的人！"

殊不知，听到这些话，孩子的自信心和自尊心早已受到严重打击。他们可能会觉得"我的行为是不被认可的""我是无能的""父母不尊重我"。在这样的情境下，孩子会感到无助和迷茫，甚至疑惑："为什么我明明做了对的事情／我已经改变了，妈妈却还是嘲笑我？"

最终，结果无非两种：一是孩子的自信心越来越差，逐渐变得懦弱、胆怯、自卑；二是因家长的嘲讽感到愤怒和反感，从而滋生叛逆心理，反抗家长的要求，故意与家长对着干。

无论是哪种情况，亲子关系都会因此变得疏远，甚至产生难以弥补的隔阂。

家长接话指南

1. 认可孩子，肯定孩子的积极行为

家长都爱孩子，既然如此，就应该学会从内心认可孩子，肯定他们的优点、改变和努力，并用积极的语言鼓励他们。无论什么情况，都要避免使用嘲讽、讥笑或挖苦的语气和表达方式。这不仅无助于孩子的成长，还会损害他们的自信心、积极性和快乐感。

2. 态度真诚，避免过度夸奖

虽然认可和鼓励很重要，但家长要注意语气、方式和尺度，确保自己的回应是发自内心的，让孩子能真正感受到认可和支持。接话时，要避免过度夸奖，以免让孩子变得自满，而是用恰当的方式表达鼓励，让孩子既能获得信心，又能保持进步的动力。

妈妈，您看见我的红领巾了吗

——有话直说，而不是反问

▷▷ 场景回放

周一早上 7 点 30 分，晓伟着急地在屋里四处翻找，沙发、书桌、电视柜……一边找，一边念叨："红领巾呢？我的红领巾在哪里？"

5 分钟过去了，晓伟仍然没有找到红领巾，焦急地问妈妈："妈妈，您看见我的红领巾了吗？我找不到它！哎呀，我快迟到了！"

✗ 错误示范

"你的红领巾放哪里你自己都不知道，我怎么会知道？"

"你觉得我会不会看见呢？你总是乱放东西，一会儿就忘，难道每次都要让我替你操心？"

"自己的东西自己不好好收拾，现在找不到了，问我有什么用？难道不会自己认真找一找吗？"

✓ 妈妈接话

"宝贝，我也没注意到你的红领巾在哪里。不过我们可以一起找找，你是不是把它放在书桌上了？或者在卧室的某个角落呢？"

"别着急，你好好想一想，最后一次是在哪里看到红领巾的？是在书包里？书柜上？还是衣架上？"

"别慌，妈妈帮你一起找。不过，找到红领巾后，以后要记得每天把它放在固定的位置，这样就不会再找不到了。"

听听 孩子的"真心话"

眼看要迟到，却找不到红领巾，孩子内心必然是焦急的。此时，他向妈妈询问红领巾的下落，实际上是在发出"求救信号"：

"妈妈，我的红领巾找不到了，该怎么办？"

"妈妈，您快来帮我找一找！"

家长应该做的是先安抚孩子的情绪，然后提供有效的帮助和支持。即便不直接帮忙寻找，也可以给出具体的建议，这样不仅能帮助孩子解决问题，还能促进亲子关系的良好发展，并提升孩子独立解决问题的能力。

反问式的回应方式则恰恰相反。这类回应往往带有责备的语气，不仅没有提供任何有用的信息或帮助，反而可能让孩子感到沮丧和无助。孩子本就因找不到红领巾而焦虑，家长的指责只会加重他们的不安情绪。

此外，这种回应方式容易让孩子的需求被忽视，使他们觉得自己不被关心，从而产生愤怒或委屈的情绪，进而导致沟通氛围变得紧张，影响亲子关系的融洽。

家长接话指南

1. 冷静下来，有话直说

孩子犯了小错，做事习惯不好，确实会让家长感到生气，批评孩子也是正常的。但即便如此，也不能使用反问的语气。有话直说，或提出建议，或给予适当的批评，这样孩子才能接受并改进。

2. 表示关心，并及时提供引导和帮助

回应时，家长需要表达关心和支持，同时引导孩子回忆红领巾可能放置的位置，并主动提出一起寻找。这不仅能缓解孩子的焦虑，还能帮助建立良好的亲子关系，并培养孩子独立思考和解决问题的能力。

3. 给予帮助，更要及时提供有效建议

当孩子遇到问题时，家长除了给予帮助，更重要的是提供有效的建议，告诉孩子如何避免类似情况的发生，并引导他们养成良好的习惯。这样的正向沟通方式，才能真正促进孩子的成长和进步。

第四章

表达感受，别让孩子"猜"你的心意

　　接孩子的话时，家长要学会明确表达自己的感受，是生气、伤心，还是高兴，都明确地表达出来，并且确保孩子能听得懂。这才有利于建立正面的沟通氛围，让孩子更愿意倾听和理解家长的感受，并知晓什么该做什么不该做。

我就要那个小汽车！我就要，就要

——你很生气？那就把感受告诉他

▷▷ 场景回放

妈妈带着飞飞去超市购物，路过玩具区时，飞飞看到一辆小汽车，喜欢得不得了，抱着就不肯撒手。

妈妈拿过小汽车，耐心地对飞飞说："家里的那辆汽车和这个一模一样，我们买别的玩具，好吗？"

飞飞立刻坐在地上，哭闹起来："我就要那个小汽车！我就要，就要！"

✕ 错误示范

"你再这样，我就不要你了！"

"随你便吧，反正我不会给你买。"

"你怎么这么不懂事！再这样无理取闹，小心我揍你！"

✓ 好好接话

"妈妈很生气，不喜欢你这样闹脾气。"

"宝贝，我知道你很想要那辆小汽车，但是你这样大吵大闹，妈妈真的会生气。"

"我现在很生气！因为你这样无理取闹，让我很困扰。如果你有什么要求，可以好好和妈妈说。只要你的要求合理，妈妈会考虑答应你。"

听听 孩子的"真心话"

孩子看到自己喜欢的玩具，产生想要的欲望是正常的。他渴望得到这辆小汽车，迫不及待地想把它带回家尽情玩耍。

如果家长此时说："你已经有一辆一模一样的了。"孩子可能并不完全理解，只会觉得：

"我喜欢这辆车，可妈妈却不给我买。"

即使理解了，也可能认为这辆新汽车有某种特别之处，反而更加想要。因此，他可能通过哭闹来表达自己的不满。

在这种情况下，如果家长只是训斥、责备，甚至发脾气，却没有明确告诉孩子"你的行为不对""妈妈很生气"，那么孩子的情绪可能会进一步恶化，哭闹变得更加激烈，最终使局面更加难以控制。

家长接话指南

1. 控制情绪，不冲孩子发脾气

接话时，家长应保持冷静，不被孩子的情绪影响。尽量避免发脾气，而是用平和的语气回应，这样不仅有助于解决问题，还能引导孩子学会管理自己的情绪。

2. 明确表达自己的感受

面对孩子的哭闹，家长感到生气是正常的，但应清楚地告诉孩子："我很生气。"同时，根据孩子的年龄和认知水平，用他们能理解的方式解释生气的原因。例如："你这样大吵大闹，让妈妈很生气。"

3. 设立界限，引导孩子合理表达需求

在表达感受的同时，家长应设定界限，并引导孩子用合理的方式表达需求。例如，可以说："如果你能好好说，妈妈会很高兴。"这样能让孩子明白，正确的沟通方式比哭闹更有效。

妈妈，我考砸了

——接住孩子的沮丧，别急着安慰或批评

▷▷ 场景回放

期末考试结束后，媛媛垂着头回到家，情绪低落。

见状，妈妈把她叫到身边，问道："考得怎么样？"

媛媛顿时眼泪涌了出来，哽咽着说："妈妈，我考砸了。我已经很努力学习了，为什么还是这样？"

✗ 错误示范

"考砸了又怎么了？你看看，哪个小朋友没考砸过？不要太在意哦！"

"努力还能考砸？我看你是假装努力！"

"为什么会这样？是不是平时没有好好学习？对于你的表现，我感到十分失望。"

✓ 妈妈接话

"孩子，我知道这次考试没考好，你感到沮丧，我能理解。但你要明白，一次考试并不能代表一切，它只是检验你这段时间学习成果的一部分。

妈妈相信，只要你努力，下次一定会考得更好。"

"看得出来，这次考试让你挺失落的。说实话，妈妈也有些遗憾，但没关系，我们一起看看哪里可以改进，以后多注意就行了。考试就是一个查漏补缺的过程，别太放在心上。妈妈相信你的实力，下次一定能考得更好！"

🎧 听听 孩子的"真心话"

孩子考试失利后，内心必然十分沮丧，情绪低落。她对未能取得好成绩感到失望，也因未达到自己的期望或标准而感到挫败。同时，她可能还伴随着不安、焦虑，甚至恐惧，害怕父母对自己失望，或者受到责备与批评。

当她说出"我考砸了"时，实际上是在表达：

"我很沮丧！"

"我很担忧！"

"妈妈，您会不会批评我……"

此时，家长应该先接纳孩子的负面情绪，给予关注、理解和支持，帮助她从沮丧中走出来，而不是急于批评或否定。只有当孩子感受到被理解和接纳，她才能调整心态，积极面对问题，并找到改进的方法。

家长接话指南

1. 关注孩子的情绪，不要急着安慰或批评

当孩子情绪低落时，如果家长未能及时接住他的负面情绪，而是选择忽视，孩子可能会陷入更深的沮丧，难以自我调整。在这种情况下，无论是安慰、批评还是鼓励，孩子都很难听进去，更别提改进了。因此，家长应先关注孩子的情绪，避免急于安慰或指责，而是给予理解和接纳，让孩子在情绪稳定后再讨论解决方案。

2. 多表达正面感受

安慰孩子时，应多表达积极正面的情感，鼓励他保持良好的学习态度，例如："我理解你""妈妈相信你"。即使需要指出不足，表达失望或不满，也要注意措辞，避免使用带有攻击性的语言，以免伤害孩子的自尊心，影响他的自信和学习动力。

我再玩一会儿！一会儿就去写作业

——使用"我信息"表达：行为＋影响＋感受

▶▶ 场景回放

放学快一个小时了，大维仍待在房间里看手机、玩游戏。妈妈已经催了两三次，每次他都只是敷衍地回答："等一会儿。"

这次，妈妈有些生气了，语气严肃地说："你已经玩了一个小时，不能再拖了！"

然而，大维仍然不愿放下手机，一边玩游戏，一边不耐烦地回应："我再玩一会儿！马上就去写作业！"

✗ 错误示范

"你怎么总是拖拖拉拉，不听话！"

"不行！先去写作业，写完才能玩！"

"如果你再不去写作业，明天就不许吃零食，也不准看电视！"

✓ 妈妈接话

"我理解你想再玩一会儿的心情，不过时间已经不早了。如果现在不去写作业，之后可能会变得很匆忙，甚至写不完，那样我会很生气。"

"你一再拖延写作业，导致时间越拖越晚，这样是不对的。我不喜欢这样的做法，希望你能合理安排时间，既能享受玩耍的乐趣，也能按时完成作业。"

听听 孩子的"真心话"

当孩子拖延、耍赖，并说"我再玩一会儿！一会儿就去写作业！"时，他的内心可能存在两种想法：一是沉浸在游戏的乐趣中，不愿意停下来面对作业；二是对时间概念模糊，不清楚"一会儿"到底有多长，也没有意识到拖延会带来的后果。

总体而言，孩子更倾向于即时的快乐，他们的需求强烈，情绪高昂，此时很难听进去家长的话，尤其是那些带有命令、指责等负面信息的内容。

如果家长在这种情况下采用"你信息"的接话方式，比如"你总是这样""你不该这么做""你真不听话"等，孩子很容易产生防备、抗拒，甚至敌对情绪。因为这种表达方式带有评价、指责或命令的意味，直接将矛头指向孩子，容易激发他的逆反心理。

因此，即便孩子的行为存在问题，家长也应避免使用"你信息"来回应，而是换一种更温和、更具理解性的表达，引导孩子在接受的基础上做出改变。

家长接话指南

1. 使用"我信息"表达

什么是"我信息"表达？它相对于"你信息"表达，更侧重于传达自己的感受、想法和需求，同时让孩子了解到他的行为对自己产生的影响。这种表达方式更容易引起孩子的情感共鸣，使他意识到需要调整行为，而不是单纯地感受到指责。

2. 说全"我信息"表达的三要素：行为＋影响＋感受

想要"我信息"表达发挥效果，应尽量包含以下三要素：行为＋影响＋感受。接话时，可以这样说："你打破了那个碗，我有些生气和难过，因为那是我最喜欢的碗，是我从××买来的，很难再找到。下次吃饭时能小心一点吗？"这种表达方式能让孩子清楚理解自己的行为带来的影响，同时避免让他感到被指责或贬低。

3. 不要误解"我信息"

需要注意的是，"我信息"表达并不仅仅是以"我"字开头，而是要真实、诚恳地表达自己的感受和经历，而不对他人进行评价或指责。同时，在接话时，家长应识别并表达自己的首要情绪（如担忧、失望），而不是借机宣泄次要情绪（如愤怒），以避免沟通变成情绪发泄。

妈妈，快来陪我玩游戏！不要躺着啦！快点，快点

——用孩子懂的话语，把你的具体要求说出来

▶▶ 场景回放

琪琪妈妈连续加班两天，感到十分疲惫，又有些感冒，头疼得厉害。吃完饭后，她嘱咐琪琪去房间玩玩具，或者让爸爸陪她阅读绘本，自己则想躺在沙发上休息片刻。

起初，琪琪还算听话，但没过多久，她就开始缠着妈妈，非要妈妈陪她玩游戏。

尽管爸爸在一旁哄劝，她仍然不依不饶，不断喊着："妈妈，快来陪我玩游戏！不要躺着啦！快点，快点！"

✖ 错误示范

"不要烦我！没看到我不舒服吗？"

"你这孩子怎么这么不懂事？父母整天照顾你，难道就不能体谅一下、关心一下父母吗？"

"你怎么这么缠人？去去去，自己玩去！"

✓ 妈妈接话

"妈妈现在头很疼，让我躺下来休息一会儿。"

"宝贝，妈妈现在有点头疼，需要先休息一下。你可以自己玩一会儿，等妈妈休息好了再陪你玩，好吗？"

🎧 听听 孩子的"真心话"

年幼的孩子对父母有很强的依赖感，希望父母时刻陪伴，并能迅速回应自己的需求。

当这些需求得不到满足时，孩子可能会产生委屈、不满、焦虑或愤怒等负面情绪，并在情绪驱使下表现出失控的行为，比如哭闹或不断纠缠父母。

在这种情况下，家长应先理解并关注孩子的情绪，同时给予明确的回应——要么尽快满足他的需求，不让他等待太久；要么清楚表达自己的感受，并告诉孩子该如何做，帮助他学会调整期待和行为。

🕊 家长接话指南

1. 不要简单地敷衍孩子

接话时，不要只是随口敷衍孩子，比如说一句"好的，马上来"，却没有实际行动。这样会让孩子感到失望和不信任，使他的负面情绪更加强烈，甚至情绪失控。

2. 用词准确、简单，把具体要求说出来

孩子年纪小，听不懂模糊、抽象的话语，比如"别烦我"或"你没看到我难受吗？"这样的反问句。因此，与孩子沟通时，应使用他们能够理解的简单词汇和短语，给予清晰的指示和具体的要求，让他们明确知道可以做什么，不能做什么。

3. 用积极的语言表达要求

使用鼓励和积极的语言，可以让孩子更愿意配合并接受家长的要求。例如，与其说"不要来烦我"，不如换成"妈妈需要休息一会儿，等会儿再陪你玩，好吗？"这样既能表达需求，又能让孩子感受到尊重和关爱。

对不起，我说谎了

——感受＋期望，引导孩子去改变

▶▶ 场景回放

课间休息时，小明和同学玩耍时不小心打碎了教室里的花盆。面对老师的询问，他因害怕被批评，便谎称自己不知情，并将责任推给了其他同学。

然而，老师进一步调查后发现，所有同学都指认是小明弄碎的。于是，老师找他谈话，并将情况反馈给家长。

放学后，爸爸询问事情的经过，小明低着头，终于承认了自己的错误："爸爸，对不起，我说谎了。"

✗ 错误示范

"你竟然敢说谎，看我怎么收拾你！"

"你到底为什么要说谎？你这样做对得起我吗？"

"你就是个爱说谎的孩子！我对你太失望了，以后都不会再相信你了！"

✔️ **妈妈接话**

"你说谎让我有些失望，我希望你能改正这个错误，避免再次发生。"

"孩子，敢于承认说谎需要很大的勇气，爸爸妈妈为你感到骄傲。每个人都会犯错，关键在于如何面对和改正。我希望你认真想一想，如何弥补这次错误，以及以后怎样避免再说谎。好吗？"

🎧 **听听 孩子的"真心话"**

当孩子说"对不起，我说谎了"时，这表明他们在说谎后感到内疚和不安，这种不适促使他们主动道歉，希望减轻内心的负担。

与此同时，孩子也可能担心说谎带来的后果，比如失去父母的信任或受到惩罚。道歉的行为，除了表达悔意，也可能是一种希望减轻或避免惩罚的尝试。

既然如此，家长不应再训斥或严厉批评孩子。过度责备可能导致以下后果：

一是孩子感到被贬低和否定，进而产生自卑、自责等负面情绪。

二是孩子可能变得焦虑、不安，甚至难以控制情绪，长期积累可能引发更严重的心理问题，如抑郁或过度敏感。

三是孩子可能产生逆反心理，不仅不改正错误，反而加重不良行为，如变得更加叛逆或具有攻击性。他们可能会想："既然道歉没用，我还道歉干什么？"或者"你越是骂我，我越要说谎！"

家长接话指南

1. 不要揪着孩子的错不放

既然孩子已经认错，家长不应再揪着不放。此时，适当地表现出宽容，理解孩子的愧疚，反而更能产生积极的效果。

2. 真诚表达感受

表达感受时，必须真诚，不能敷衍或作假。孩子是敏感的，能察觉大人的情绪是真心还是虚伪。如果表面上体谅孩子、因他们承认错误而感到欣慰，实际上内心却充满埋怨和愤怒，孩子会很快察觉，结果只会适得其反。

3. 把重点放在"期望"上

接话时，重点不在于表达"感受"，而是传递"期望"。通过清晰表达对孩子的期望，并鼓励他们思考如何弥补错误，如道歉或赔偿损失，有助于孩子改正错误，养成良好的行为习惯。

第五章

孩子的提问，再"奇怪"也要认真对待

每个孩子都有着强烈的好奇心，喜欢问"为什么"，喜欢提出稀奇古怪的问题。家长耐心倾听，认真解答，满足孩子的好奇心，不但可以促进亲子间的互动，还有助于培养孩子的求知欲。

我是从哪里来的

——难以启齿的问题？回避和"糊弄"不可取

▶▶ 场景回放

悠悠今年3岁了，平时喜欢问"为什么"，也喜欢问一些稀奇古怪的问题。

这天，她突然问道："妈妈，我是从哪里来的？"

❌ 错误示范

"你是我从垃圾桶捡来的。"

"嗯，这个问题我不知道怎么回答，长大了，你就知道了。"

"这个问题有些难答，我们换一个问题吧。"

✔ 好好接话

"你是从妈妈肚子里生出来的，由妈妈的卵子和爸爸的精子结合后，在妈妈的身体里慢慢发育成长。"

"你是爸爸和妈妈相爱的结晶，从妈妈的肚子里来到这个世界。爸爸妈妈彼此相爱，决定一起孕育新的生命，于是有了你。你在妈妈肚子里慢慢慢长大，然后在医生的帮助下，平安出生。"

听听 孩子的"真心话"

孩子天生好奇，随着年龄的增长，他们会对自己的身体、周围的世界以及自身的起源产生浓厚兴趣。当孩子问"我是从哪里来的？""我和爸爸/妈妈为什么不一样？"时，其实是在探索自我认知和身份认同。

然而，由于这些问题涉及"性"，许多家长不知道该如何回答，甚至感到难以启齿。他们往往选择回避，比如敷衍地说"你长大就知道了"，或者用玩笑的方式回应"你是从垃圾桶里捡来的"。有些家长甚至迅速转移话题，试图回避讨论。

但这样的回应方式是错误的，容易让孩子形成错误认知。随着年龄增长，他们可能会越来越困惑、好奇，甚至为了寻找答案，接触网络、电视等可能包含不良信息的渠道，导致产生错误的观念和负面的心理影响。

因此，家长不能因为孩子年幼，就忽视性教育，更不能等到"时机成熟"才谈论这个话题。应当正面回应孩子的疑问，尽早、循序渐进地进行性教育，引导他们正确认识性知识，从而增强自我保护意识。

家长接话指南

1. 大大方方给出正确答案，不要支支吾吾

当孩子问"我是从哪里来的？"时，其实只是出于好奇和求知欲，妈妈完全可以坦然回答。如果家长支支吾吾、刻意回避，孩子反而会觉

得这是一个难以启齿的话题，从而对"性"产生错误认知。

2. 语言尽量简洁，用孩子听得懂的话语来解释

回答孩子的问题时，应尽量用简洁明了的语言，并根据他们的年龄选择合适的表达方式。可以通过比喻或故事的形式，比如用小动物的生育过程作类比，让孩子了解爸爸妈妈是如何孕育宝宝的，以及整个过程是怎样的。

3. 用爱的语言，传递爱的理念

接话时，可以用温暖、充满爱的语言，让孩子感受到自己是爸爸妈妈爱情的结晶，从而增强安全感和归属感。同时，这也能引导他们学会珍惜自己，并懂得如何去爱父母。

我们总说"上厕所、下厨房"，为什么要这样说

——坦白知识局限，与孩子一起寻找答案

▶▶ 场景回放

爸爸妈妈陪着浩泽玩积木游戏，中途休息时，爸爸站起身说："我们先暂停一下，爸爸去上厕所，一会儿就回来。"

浩泽爽快地答应了。可没过一会儿，他突然灵机一动，问妈妈："妈妈，我们总说'上厕所、下厨房'，为什么是'上'厕所和'下'厨房呢？"

这一问，把妈妈难住了，因为她从来没想过这个问题。

✘ 错误示范

"你哪来的这些奇奇怪怪的问题？"

"就是这么说的呗，你怎么这么多问题？！"

✔ 妈妈接话

"这是个有趣的问题，我也不太确定答案，不如我们一起上网查查资料？"

081

"孩子，这个问题问得很好！'上厕所、下厨房'这种说法其实是一种日常语言习惯，就像很多口头禅一样。至于为什么这么说，妈妈也不太清楚。不如我们上网查一查，看看有没有更有趣的解释，好吗？"

听听 孩子的"真心话"

孩子问出"为什么要说'上厕所、下厨房'？"这类奇怪而难以回答的问题，说明他已经开始主动思考，并对周围世界产生了观察和探索的意识。

同时，在年幼的孩子心中，父母是无所不知的，也是他们最信任的人。因此，他们遇到问题时，会毫不犹豫地询问父母，从未考虑过父母是否真的知道答案。

当然，这时候家长即便不清楚答案，也并不是什么大不了的事。关键是正确引导孩子，让他们学会思考，并通过正确的途径寻找答案。这样一来，孩子会逐渐形成这样的认知：

"原来父母也不是无所不知的，就像我一样。"

"不知道并不可怕，只要愿意积极寻找答案，就能解决问题。"

久而久之，当孩子遇到未知或难以解答的问题时，他也会更倾向于主动探索和求证。这种学习方式，远比家长直接给出正确答案更有意义。

家长接话指南

1. 坦诚一些，承认自己的"无知"

知之为知之，不知为不知。面对孩子的问题，如果家长无法回答，就应坦诚承认，而不是不懂装懂，或因尴尬恼羞成怒，把责任推给孩子。只有这样，才能为孩子树立良好的榜样，引导他们正确面对知识的局限，并培养他们求真求知的态度。

2. 引导孩子去思考，并一起寻找答案

如果问题难以直接回答，家长可以引导孩子思考问题的方向，并与他们一起寻找答案，比如查阅书籍、上网搜索或咨询专业人士。这样不仅能解决问题，还能培养孩子主动探索的习惯，激发他们对新事物的兴趣，让思维能力在不断求知的过程中得到提升。

妈妈，为什么天上会下雨？那么多的雨水是哪里来的

——想延续孩子的好奇心？试试启发式反问

▷▷ 场景回放

某个夏日午后，强强和妈妈在公园里与小伙伴玩耍。突然，天空变得阴沉，乌云聚拢，雷声轰鸣，紧接着下起了大雨。妈妈连忙带着强强回家，幸好两人没被淋湿。

回到家后，强强跑到阳台，好奇地望着雨滴从天空洒落，转头问妈妈："妈妈，为什么会下雨？这么多雨水是从哪里来的？"

✗ 错误示范

"因为天上有云，云里有水，水多了就下雨了。"

"雨水是由大气循环扰动产生的，是地球水循环不可缺少的一部分……"

"雨水是神仙洒下来的，为了滋润大地。"

✓ 妈妈接话

"你有没有注意到，下雨前天空会发生什么变化？比如云的颜色和形

状？你觉得这些变化和下雨有什么关系呢？"

"宝贝，你观察得真仔细！那你有没有想过，雨水和我们喝的水有什么关系？在落到地面之前，雨水会经过哪些地方？会不会遇到其他'小伙伴'？这些'小伙伴'身上又藏着哪些有趣的秘密呢？"

🎧 听听 孩子的"真心话"

孩子提出问题，是为了寻找答案。但相比直接得到答案，通过自己的思考、探索和想象，他们会觉得更加有趣，并能体验到更大的成就感。

当孩子经过努力推理和探索得出正确答案时，内心会充满兴奋和自豪，甚至会欣喜地想：

"我真棒！我弄清楚了天上为什么会下雨！"

因此，当孩子因好奇心而提出问题时，家长不必急于直接给出答案，而可以尝试提出一些启发式问题，引导他们积极思考，发挥想象力，尽情探索。

对于孩子来说，启发式提问不仅能增强逻辑思维能力，还能让他们真正感受到智慧的力量，体验思考和想象的乐趣。

🕊 家长接话指南

1. 提出明确的问题

启发式提问确实能激发孩子的想象力和好奇心，但家长需要确保问题具体、清晰，让孩子明确自己需要思考什么或做出怎样的回应。

2. 给予孩子思考的时间

提出问题后，要给孩子足够的思考时间，不要急于求答案，更不能催促。如果孩子一时回答不上来，可以适当提供线索或提示，帮助他们打开思路。

为什么本命年要穿红色？为什么没有属猫的？为什么……

——孩子问个没完，干扰到你做事，该不该打断

▶▶ 场景回放

春节到了，妈妈带着佑佑去超市，给哥哥买红袜子和红内衣。佑佑好奇地问："妈妈，为什么要给哥哥买红色的袜子和内衣？"

妈妈笑着回答："因为明年是哥哥的本命年，所以要穿红色的衣服。"

佑佑听后更加好奇，又接连问道："什么是本命年？为什么本命年要穿红色？我属什么？为什么没有属猫的？为什么……"

✖ 错误示范

"好了，好了！不要再问了！你哪来这么多问题？"

"你的问题太多了！我哪有时间回答你！快走，快走，我们还要去超市呢！"

"嗯，嗯，就这样，别问了！"

妈妈接话

"你的问题真有趣，我也很愿意回答你。不过，现在我们先去超市给哥哥买袜子和内衣，好吗？"

"宝贝，你真爱思考，能提出这么多有趣的问题，太棒了！我们可以一起慢慢探索答案。不过，有些问题可能一下子回答不完，我们可以一个个来，对吧？现在先去超市，等回来后妈妈再回答你的问题，好吗？"

听听 孩子的"真心话"

孩子的好奇心很强，对他们来说，世界上的一切都是神秘、新鲜且充满趣味的。无论是日月星辰、河流山川，还是生活中的点滴琐事，在他们眼里都充满未知与惊喜。而连续不断地提问，既是他们探索世界、满足好奇心的方式，也可能是在寻求父母的关注和理解。

如果家长直接打断孩子的提问，或者表现出不耐烦，可能会挫伤他们的积极性和求知欲。孩子可能会在心里想：

"妈妈不喜欢我问这么多问题吗？"

"如果我再提问，爸爸妈妈会生气吧？"

如果这样的情况发生多次，孩子即便遇到疑问，也可能不愿再主动发问。

因此，面对孩子的"十万个为什么"，家长应尽量耐心回应，而不是随意打断。如果确实有急事需要处理，也要委婉地说明原因，让孩子感受到尊重与理解。

家长接话指南

1. 说话要保持温和与尊重，确保孩子理解

接话时，语气不能过于生硬，比如直接说"不要问了，我还有事呢"。相反，应该用温和的方式告诉孩子，你理解他们的好奇心，但现在有急事需要处理，稍后会专门回答他们的问题。这样能让孩子明白，你并不是不愿意回答，而是确实有事要先处理，让他们感受到被尊重和理解。

2. 给予承诺，避免孩子感到被忽视

打断孩子提问后，家长应给予明确的承诺，告诉他们稍后会回答。当然，事后必须兑现承诺，否则容易失去孩子的信任和尊重。

3. 给出替代方案

如果当下无法回答孩子的问题，家长可以提供"补偿"——一个替代方案。例如，可以给孩子一本笔记本或便笺，让他们先把问题记下来，并告诉他们："等爸爸妈妈忙完，一定会解答你的问题。"

为什么小孩要听大人的话

——面对孩子的质疑，如何来接

▷▷ 场景回放

公园里，泽泽正和小伙伴们兴奋地追逐嬉戏。突然，他因跑得太快，险些撞到一位行人。妈妈连忙上前制止，并提醒他要遵守公园规则，不要乱跑。

然而，泽泽并没有停下，依旧跑来跑去。妈妈拉住他，语气认真地说："你要听妈妈的话，不要乱跑，知道吗？"

泽泽却一脸不服气，反问道："您总是让我听话，为什么小孩一定要听大人的？"

✖ 错误示范

"因为我是你妈妈，你就得听我的！"

"你必须听我的，没有为什么！"

"你别问了，按我说的做就行。"

"因为大人比小孩聪明/厉害/力量大，所以小孩得听大人的。"

✓ 妈妈接话

"孩子，大人因为生活经验更丰富，能够在很多时候给予你更正确的指导和建议。我们希望你听大人的话，是为了帮助你避免犯不必要的错误和陷入危险。但这并不意味着大人的话永远是绝对正确的。随着你长大，你会逐渐形成自己的思考和判断，到那时，你可以根据自己的理解做出决定。"

"宝贝，我们希望你听大人的话，是因为我们爱你、关心你，希望你能健康、快乐地成长。大人的话往往蕴含着对你的关心和保护。就像你不希望我们受伤一样，我们也不希望你遇到任何危险。"

🎧 听听 孩子的"真心话"

当孩子质疑"为什么小孩要听大人的话"时，说明他的认知能力正在提升，开始有自己的判断和想法，并对大人的建议或指令产生疑问。事实上，这句话的潜台词可能是：

"为什么大人总是管着我，不让我做这个，不让我做那个？"
"我不想听大人的话！"
"我要自己做主。"

如果此时家长直接命令："没有为什么，你必须听话。"或者用权威压制："因为我是你妈妈。"只会让孩子感到被强迫和压抑，进而产生逆反心理。更严重的是，这种做法可能会抑制孩子的自主意识，导致他们长大后不敢或不习惯独立做决定。

如果家长回答："因为我比你厉害 / 强大。"也会给孩子传递错误的信息，使他们容易屈从于权威，变得懦弱、胆小。

因此，面对孩子的质疑，家长应采取正确的引导方式，而不是用强硬的态度压制，要让他们在成长过程中学会独立思考和正确判断。

家长接话指南

1. 尊重孩子，不要轻易否定

接话时，应秉持尊重的原则，无论他们年纪多小，都要尊重他们的自主意识和表达权利，认真倾听，而不是直接否定或忽视他们的疑问。因此，回应时应强调大人与孩子之间的平等关系，鼓励相互尊重和理解，让孩子感受到被重视。

2. 给出合理的解释，以便于说服孩子

家长应以合理的解释和清晰的逻辑回应孩子的质疑，而不是单纯依靠权威。这样不仅能让孩子信服，还能让他们更愿意接受建议并积极配合。

3. 注意接话的语气和身体语言

当孩子提出这样的质疑时，可能情绪较为激动，因此家长接话时要关注他们的情绪，尽量避免激化冲突。例如，可以保持温和、耐心的语气，并注意自己的身体语言，尽量带着微笑，与孩子保持亲和的交流方式，让他们感受到被尊重与被接纳。

第六章

夸孩子，
需要高情商

夸孩子，需要掌握高情商的技巧。夸得对，能够增强孩子的自信心，激发其积极性。夸不对，不但起不到激励作用，反而适得其反。因此，家长不但要学会夸孩子，更要学会正确夸孩子。

今天的数学作业我已经提前完成了

——哪里做得好，夸得具体和明确一点

▷▷ 场景回放

晚上吃晚饭后，妈妈嘱咐月月："月月，休息10分钟，你就去写作业，可以吗？"

月月高兴地说："今天我不需要写作业哦！"

妈妈随即问道："为什么？"

月月骄傲地说："因为今天只有数学作业，而且，在学校的时候，我已经提前完成了。"

✘ 错误示范

"你真棒！"

"不错，不错！"

"今天表现很好！值得夸奖！"

✔ 好好接话

"真棒！妈妈很高兴你能提前写完作业。而且你今天的数学作业完成

得非常好，尤其是最后一道难题，用了两种思路来解决。继续保持，我相信你会越来越出色的！"

"你真棒，孩子！今天你不仅完成了数学作业，还提前完成了，这说明你对数学知识掌握得很好，效率也很高。你的这种自律和提前规划的习惯，会让你在未来的学习和生活中更加游刃有余。"

听听 孩子的"真心话"

当孩子说"我的数学作业已经提前完成"时，就是在说："你看，我厉害吧？""快夸奖我吧！"

这个时候，家长及时给予孩子夸奖，他将非常快乐和自豪。时间长了，他将越来越自信、幸福。

因为每个人都渴望得到别人的夸奖和赞美，孩子更是如此。对于孩子来说，父母的夸奖和赞美是他的信心和快乐的来源。一旦这种渴望落空，孩子就会产生消极心理，变得不自信、不信任父母，甚至不愿意做任何事情。

当然，家长的夸奖不能太笼统抽象，如"你很棒""做得不错"。听到这样的回应，孩子往往不清楚自己具体哪方面做得好，无法准确认识自己的优点，或者根本无法确定自己是否真的做得好，从而怀疑夸奖的真实性。

同时，孩子会感觉家长的夸奖缺乏诚意，只是敷衍自己，并没有认真关注自己的表现，以至于不再相信父母，更缺乏努力做好的内在动力。

家长接话指南

1. 不夸大，确保夸奖的真实性

接话时，必须保证夸奖的内容是基于孩子真实的表现和努力，而不是刻意夸大其词或者虚构不存在的东西。

2. 夸奖用词越具体越好

夸奖孩子的时候，一定要注意细节，指出孩子到底哪里做得好，好到什么程度。可以针对孩子的特定行为，如"用了两种解题思路""付出了较多努力，没有看动画片"等，让孩子更清楚地认识自己的优点。

3. 使用适当的对比来夸奖

孩子在完成作业效率上有所提高，家长夸奖孩子的时候，可以适当运用对比的方式，将孩子现在的行为和之前的行为进行对比，如"你比昨天提前了 30 分钟，真的有很大进步"，帮孩子意识到自己的成长和进步，明白努力的成果是什么。

妈妈，我数学拿到了 96 分

——"先拍后打"，孩子对这样的夸奖很反感

▶▶ 场景回放

妈妈下班回到家，刚刚把鞋子脱掉，晓刚就兴奋地跑过来，手还背在后面，说："妈妈，我告诉您一个好消息。您猜猜是什么？"

妈妈笑着说："我可能猜不到哦！你能告诉我吗？"

晓刚拿出试卷，脸上洋溢着兴奋的笑容，说道："快看！妈妈，我数学拿到了 96 分！"

✕ 错误示范

"嗯，不错，比上次有进步。不过，这道题不应该错，是不是马虎了？你平时做题就马虎，这个毛病要改掉呀！"

"嗯，很不错！96 分是一个非常高的分数，不过呢，你应该好好反思一下，为什么没有拿满分？上次你可以拿到满分，这次也应该可以拿到……"

"很好，很好！不过，你不要骄傲哦！争取下次拿到更高的分数哦！"

妈妈接话

"宝贝，你真是太棒了！这说明你很努力，知识也掌握得很好。妈妈真为你感到骄傲！"

"很不错，比上次提升了 5 分！你的进步和努力妈妈都看在眼里。我相信，只要你保持这种积极的态度和努力的精神，你一定会在学习上取得更好的成绩。"

"嗯，虽然这道题的分不该丢，但是整体成绩非常好。尤其是……这说明你有很大进步！"

听听 孩子的"真心话"

孩子说"我数学拿到了 96 分"，是想与妈妈分享自己的成绩和喜悦，期待得到妈妈的夸奖和肯定。此时此刻，孩子的情绪是兴奋的，内心是骄傲的。

在这种情况下，家长采用"先拍后打"的方式，简单地夸奖一下，随即就批评、说教甚至是指责，只会适得其反。

美国心理学家阿伦森曾提出一个增减效应，该效应表明人们都希望别人对自己的正面评价越来越多，而讨厌别人对自己的负面评价越来越多。当正面评价不断上升时，人们会因此感到快乐、有成就感和满足感，但当正面评价转化为负面评价时，人们会难以接受，从而产生反感和排斥心理。

就是说，当家长"先拍后打"时，孩子的情绪会产生很大的落差。他们会觉得家长的表扬不真诚，甚至认为家长是在欺骗他们，只是为了后面的批评做铺垫。

这会让孩子感到自己的价值被贬低，从而产生强烈的排斥和抗拒心理，心里会说"既然我做得好，也得不到夸奖，那为什么还要努力做好"。之后，孩子不但不相信家长的夸奖，还会变得叛逆和不听话。

因此，家长一定要避免"先拍后打"的方式，该夸奖时夸奖就可以了。

家长接话指南

1. 保证夸奖和批评是独立的

夸奖和批评应当是独立的，孩子做得好、有进步，就应该给予明确的夸奖，不能因为小问题而忽视了对孩子的夸奖。即便孩子存在某些问题，也应该把夸奖和批评分开，可以在之后的某个时间段，指出孩子的问题，提出建议。

2. 可以适当使用"先贬后褒"的方式

家长应该顺应"增减效应"的方法，即采用"先贬后褒"的接话方式，即先适当指出孩子的问题，让孩子意识到不足之处，然后再给予夸奖，并把重点放在夸奖上。这样，孩子的情绪便会得以提升，让孩子认识到家长对自己的夸奖和认可，进而增加其成就感和配合度。

妈妈，我洗好了自己的袜子。我勤快吧

——提高赞美的标准，本该做的事不夸奖

▷▷ 场景回放

周末，5岁的念念在卫生间鼓捣着什么，好半天也不出来。

妈妈前去询问，念念打开门，拿着两只湿漉漉的袜子，高高举起，并笑着说："妈妈，你看，我洗好了自己的袜子。我勤快吧？"说完，一脸期待，等待着妈妈的夸奖。

✖ 错误示范

"宝贝，你太棒了！真是懂事的好孩子！"

"没错，你是最勤快的孩子！妈妈，真的为你骄傲！"

✓ 妈妈接话

"我很高兴你能主动洗好自己的袜子，不过，这是你应该做的，不能得到特别夸奖哦！"

"宝贝，看到你主动洗袜子，妈妈很高兴。不过，这只是生活技能的一小部分，我希望你能主动尝试做更多的事，学习更多的东西，好不好？"

听听 孩子的"真心话"

孩子喜欢被夸奖，做一些小事就寻求夸奖，是正常的。

但家长应该提高赞美的标准，不要夸奖过度。对于孩子本该做到的小事，如穿衣、写作业、洗袜子等，尽量减少夸奖或不夸奖。

若是家长夸赞孩子本该做到的事，会让孩子产生错误的自我认知，认为自己很了不起，甚至变得自负起来。即便做了很普通的事，也会理所当然地认为"我真的很厉害"。

这很容易产生两种结果：一是习惯了夸奖，若得不到夸奖，就会产生巨大的心理落差，进而失去行动的动力，甚至过分依赖他人的夸奖来验证自己的价值；二是习惯了被夸奖，所以很难接受失败或批评，从而难以从挫折中恢复过来。

因此，家长在夸奖孩子时，应提高赞美的标准，避免过度夸奖或设置过低的标准。

家长接话指南

1. 明确夸奖的标准，不因溺爱而降低标准

接话前，家长需要明确孩子的哪些行为或成绩是值得夸奖的，确保夸奖的标准既不过高也不过低，符合孩子的实际能力和发展水平。不要因为溺爱孩子而降低夸奖的标准，对于孩子本该做到的事，如完成日常任务、遵守基本规则等，不应给予过度夸奖。

2. 委婉表达，给出合理的解释

家长需要注意表达方式，说话不能太直接，如"这不值得夸奖"。家长可以认可孩子的行为或成绩，但避免使用过度的夸奖词汇，让孩子感觉自己的行为是被肯定的。接着，要用较为委婉的话语来表达，引导孩子理解某些事情是责任或义务，是每个人都应该做到的。

我要多多练习，争取在下周的绘画比赛上拿到好名次

——事前夸还是事后夸？家长们要谨慎

▷▷ 场景回放

这几天，小源每天放学回家都窝在房间里画画，连最喜欢看的动画片都不看了。妈妈感到很是奇怪，摸摸孩子的头，询问："小源，你这几天怎么这么爱画画？"

小源抬起头，严肃地说："妈妈，我要参加学习举行的绘画比赛。我要多多练习，争取在下周的绘画比赛上拿到好名次！"

✖ 错误示范

"宝贝，你画画这么有天赋，这次比赛一定能拿第一名！"

"孩子，你这次一定要好好表现，给妈妈拿个大奖回来！"

"太棒了，宝贝！如果你这次比赛能得奖，妈妈就带你去旅游。"

✔ 妈妈接话

"只要你像今天一样多多练习，会画得越来越好的，并有机会拿到好名次。加油，我们期待看到你的进步和作品。"

"听起来你很有决心呢，孩子。我很高兴看到你对待比赛这么认真。记住，努力的过程比结果更重要。只要你付出了努力，无论比赛结果如何，我们都会为你感到骄傲。当然，如果你能拿到好名次，那更是锦上添花啦！"

听听 孩子的"真心话"

从某种程度来说，事前夸奖孩子，的确可以起到鼓舞的作用。但事前你就夸孩子，还夸得天花乱坠，孩子就会产生骄傲心理，会认为："我画得已经很好了，不需要再努力练习了！"以至于积极性降低，结果不尽如人意。

还有一种可能性，就是事前夸，会让孩子产生巨大的压力。听到家长的夸奖，他们会想：

"我得加倍努力，不能辜负了爸爸妈妈的期待！"

"妈妈把我夸得这么厉害，要是我无法达到家长的期望，怎么办？"

在压力的影响下，孩子的心理会失衡，越来越焦虑，越来越忧虑，以至于影响比赛的正常发挥。一旦真的未达到家长的期望，孩子就会倍加沮丧和自责，埋怨自己："我已经被夸得这么好了，为什么没做好？""我辜负了爸爸妈妈的期待，真是太没用了！"

因此，夸奖孩子，最好是避免事前夸，而是应该事后夸。

家长接话指南

1. 事前要给予恰当的鼓励

即便不能事前夸奖孩子，也需要给予恰当的鼓励，增强孩子的动力和自信。鼓励孩子时，要真诚表达对孩子能力和努力的认可，而不是把重点放在结果上。

2. 尽量避免给孩子施加过大的压力

事前鼓励孩子的时候，尽量不给孩子带来过大的压力，避免说"一定要拿到好成绩""不要辜负父母的期望哦"等话语，要让孩子知道无论结果如何，都会得到家长的爱和认可。

3. 引导孩子正确看待结果

鼓励孩子的同时，家长要引导他们正确看待比赛或任务的结果，让他们明白成功和失败都是成长的一部分，重要的是从中学到东西并不断进步。

爸爸妈妈，告诉你们一个好消息，我在英语竞赛中拿到了第一名

——少夸些智力，多夸些努力

▶▶ 场景回放

艾米放学回家后，开心地对妈妈说："妈妈，您晚上做我喜欢的可乐鸡翅吧！因为我要宣布一个好消息！"妈妈痛快地答应了。

饭桌上，爸爸妈妈满怀期待地看着孩子，询问："孩子，现在可以宣布是什么好消息了吧！"

艾米脸上洋溢着灿烂的笑容，兴奋地说："爸爸妈妈，这个好消息就是，我在英语竞赛中拿到了第一名！"

✖ 错误示范

"你太聪明了！"

"我就知道你有学习英语的天赋！"

✔️ 妈妈接话

"孩子，听到这个消息，我们真的感到非常骄傲和高兴！这不仅仅是因为你取得了一个出色的成绩，更重要的是，我们看到你比别人都努力，比别人早找到了适合自己的学习方法。"

"孩子，你太厉害了！看来你这段时间努力学习、认真准备没有白费，你的坚持和付出真的有了回报。真是一分耕耘，一分收获啊！我相信，你会继续努力学习的。来，我们举杯庆祝一下吧！"

🎧 听听 孩子的"真心话"

孩子说"告诉你们一个好消息，我在英语竞赛中拿到了第一名"时，表明他对自己的表现很满意，这个结果让他感到兴奋和自豪，很期待得到父母的认可和赞扬，希望父母能为自己感到骄傲。

这意味着，通过这次获奖，孩子更加认同自己的能力和价值，不但自信心得到增强，更对自己的未来充满期待。

面对这种情况，家长需要给予孩子适当的赞扬和鼓励，激发孩子面对更多挑战的渴望。但需要注意的是，夸奖孩子的时候，应避免夸他的智力，而是应该夸他的努力。因为聪明或有天赋等是一个人先天的优势，而不是值得炫耀的资本，但努力则不然，它是能够影响一个人一生的可贵品质。

若是家长把重点放在"聪明""天赋"等智力方面，很容易让孩子产生错误认知："我很聪明，不需要努力，进而不再努力。"一旦遇到难题或挫折，他就会想"我之所以失败，是因为不够聪明/没有天赋。既然这样，努力还有什么用？！"进而轻易放弃，不再努力和坚持。

家长接话指南

1. 改变自己的刻板印象

家长应该改变自己的刻板印象，即不要错误地认为孩子成绩好，就是因为聪明。这样一来，接话时才不会给孩子贴上"聪明"或"有天赋"等标签。

2. 夸奖要基于孩子的实际表现

虽然要夸奖孩子的努力，但也要避免夸大孩子的努力程度，要基于孩子的实际表现和努力程度给予适当的夸奖，以免孩子产生自负心理。

3. 给出期待，激励孩子继续努力

夸奖时可以对孩子说"我相信你会继续努力，取得更好的成绩"，鼓励孩子继续保持努力的态度，激发孩子的内在动力。

在班干部选拔会上，我被班主任和很多同学推选为班长

——夸事实，不夸人格

▶▶ 场景回放

周末晚上，锐锐来到爸爸面前，说："爸爸，下周一班里举行班干部选拔会，我想竞选班长。您觉得怎样？"爸爸拍着孩子的肩膀，说："只要你有信心，当然可以呀！"

周一下午，锐锐放学回到家，爸爸妈妈期待地问道："孩子，结果怎样呀？"

锐锐一脸严肃，郑重地说："我宣布：在班干部选拔会上，我被班主任和很多同学推选为班长！"

✗ 错误示范

"太棒了！这说明你人缘好，讨老师和同学们的喜欢！"

"孩子，你真是太厉害了！你天生就是当领导的料！"

"好孩子，你真是个天生的领导者！你的智慧和魅力让大家都不由自主地选择了你。我相信，你一定会用你的独特个性和能力，带领班级走向更好的未来。"

妈妈接话

"你跟同学的关系处理得这么好，对老师分配的任务也积极去完成，所以能被选为班长呀。"

"这真是一个好消息！这说明你在学校和同学们中有着良好的形象和威信，大家对你的领导能力和组织能力都很认可。你在班级中的积极表现和责任心，让大家看到了你的闪光点。"

"哇，孩子，真是太棒了！这说明你在学校里表现得很好，大家都信任你、支持你。我们相信你一定能够胜任这个角色，给大家带来更多的惊喜和收获！"

听听 孩子的"真心话"

"好孩子""人缘好""天生领导者"这样的话是典型的"夸人格"，事实上是在给孩子贴标签。即便是好的标签，也会让孩子感觉被家长扣上了帽子。刚开始孩子可能会沾沾自喜，但时间一久就会感到较大的压力，以至于产生较大的心理压力。

同时，孩子还可能会感到困惑，认为"我自己凭借努力——帮班主任管理同学，组织同学们做了很多事才得到班主任和同学们的认可，为什么父母只是说我'人缘好？'""是不是人缘好，就可以被选为班长？""难道我不被选为班长，就是人缘不好？"

孩子会觉得自己的努力和成绩没有得到应有的认可，进而成就感和自豪感可能会受到打击。尤其是孩子比较小，分辨能力不足的时候，就会产生行为偏差，不再认真努力地做事。

因此，为了避免这种情况，家长夸奖孩子的时候，要夸事实，而不是人格。

家长接话指南

1. 夸奖时，要具体描述事实

夸奖时要具体描述孩子所做的事情或取得的具体成果，强调孩子付出的努力和经历的过程，让孩子明白哪些行为和事实是他被选为班长的关键因素。这有利于孩子更好地理解自己取得的成绩，并激发他们的内在动力。

2. 改变夸赞习惯，不给孩子贴"人设"标签

很多家长容易给孩子贴标签，遇到什么事就会脱口而出。所以，家长要提高警惕，三思而后行，尽量不给孩子贴"人设"标签。

第七章

拒绝孩子，
怎么说他才能接受

拒绝孩子的要求，不能只说"不"，采用恰当的方式和语言很重要，尊重孩子的感受也很重要。明确且坚定，避免情绪化反应，才有助于孩子更好地接受和理解。

妈妈，我想吃糖！它看起来很好吃

——理解并拒绝，温和且坚定

▶▶ 场景回放

超市内，妈妈正在选购牛奶。小溪拉着妈妈的手，说："妈妈，我想吃糖！"

妈妈微笑着蹲下身来，看着孩子，说："宝宝，妈妈给你买草莓，好吗？"

小溪央求着说："妈妈，您看那个糖果，它看起来很好吃！我想要！"小溪边说，边指着不远处货架上五彩斑斓的糖果，眼中闪烁着渴望。

✖ 错误示范

"不行，你的牙已经坏了，不能吃糖！"

"不可以！这些糖果对你的牙齿不好！"

"糖有什么好吃的？！"

✅ 好好接话

"哦，你想吃糖呀！它看起来很好吃！可是，你长了蛀牙，医生说不能吃糖哦。"

"这颗糖看起来的确很诱人，妈妈也很想吃。不过，对于小孩子来说，吃太多糖，会影响牙齿和身体健康哦！"

🎧 听听 孩子的"真心话"

孩子想吃糖，是因为糖的色彩、形状或包装吸引了他，或者他之前尝过糖并喜欢上了那种甜味。这是孩子对食物的一种自然喜好，也是他们探索世界的一种方式。

家长简单粗暴地拒绝，说"不行""不可以"，甚至责骂孩子，孩子可能会迷茫，不明白为什么妈妈会拒绝自己，甚至会自尊心受损。他们在内心会想：

"这个糖很好吃，妈妈为什么拒绝我？"
"我只是想吃糖，妈妈为什么骂我？"

进而导致孩子认为自己的需求不重要，或者自己在家长心目中不够重要，或者家长不爱自己。若是长期遭到粗暴拒绝，孩子可能会学会隐藏自己的真实想法和需求，以避免再次受到伤害。

家长接话指南

1. 理解孩子的需求

拒绝孩子的时候，首先要耐心倾听孩子的请求，理解他们对糖的渴望和好奇，同时，要保持对孩子的爱和耐心，让孩子感受到虽然请求被拒绝，但他们的感受是被尊重和理解的。

2. 温和且坚定，给出合理的解释

拒绝的时候，要坚定立场，但要保持态度的温和和用词的委婉，一定要避免使用生硬、粗暴的词语，如"不行""不可以"等。同时，要及时给予孩子合理的解释，让孩子明白吃糖带来的不良影响。

3. 拒绝时，要与之前的行为保持一致

拒绝孩子吃糖的要求时，要与之前的行为保持一致，不能之前同意，现在拒绝；上次用这个理由，这次用另一个理由，否则很难说服孩子。

爸爸，今天放学之后我可以和同学去体育场踢球吗

——多用"可以"，少说"不"

▶▶ 场景回放

硕硕进门，书包还没放下就喊道："爸爸，爸爸！今天放学之后我想去踢球。"

爸爸正在厨房准备晚餐，听到孩子的声音后，探出头来："哦，踢球啊，听起来挺有意思的。不过，你的作业都写完了吗？"

硕硕摇摇头，说："还没有。不过，我真的想和同学去体育场踢球！可以吗？可以吗？"

✗ 错误示范

"不可以，不写完作业，不能出去玩！"

"不行，我不同意！这个距离太远了，不安全，你们不能单独去体育场！"

"整天就知道玩？！作业没写完，什么事都不能做！"

妈妈接话

"可以，和同学一起去踢球是个很棒的主意。不过，你得先完成作业，完成作业之后才可以去踢球。"

"嗯，可以。踢球是不错的运动，既可以锻炼身体，又可以和伙伴们玩得很开心。不过，我们需要确认一件事：你们可以单独去体育场吗？这个距离有些远？你单独去，爸爸妈妈担心你的安全。"

听听孩子的"真心话"

孩子对于语言是极其敏感的，其中最明显的就是"肯定"与"否定"。当孩子听到"不"时，情绪会激动，感到沮丧、失望或愤怒。因为"不"通常意味着拒绝或限制，与孩子的期望相冲突。

即便家长之后解释了说"不"的原因，孩子也根本听不进去。他们往往会以情绪化的方式表达自己的不满和沮丧。而一些具有强烈自我意识和叛逆心的孩子，可能会将拒绝视为挑战，并试图通过反抗来维护自己的自主权。

因此，即便是拒绝孩子，家长也要尽量少说"不"或其他带有否定意味的词汇，而是应该尝试用"可以"代替"不行"。

孩子先听到"可以"，便会感觉自己被认可和尊重了，需求被满足了。这样一来，欲望和执念也会减少很多，就更愿意接受家长的拒绝和建议。

家长接话指南

1. 明确条件与期望

使用"可以"时，家长要明确附加的条件或期望，可以这样说："你可以吃零食，但需要先吃完饭。"既给了孩子希望，又明确了行为的先后顺序。

2. 态度要坚定，不随意屈从

虽然家长用"可以"代替"不行"，但目的是拒绝孩子的要求，只是说话方式比较委婉罢了。所以，拒绝的态度要坚定，不要因为孩子的哭闹或撒娇而改变决定。不过，为了让孩子愿意接受，可以给他们一个合理的解释。

3. 注意分寸和时机，避免过度承诺

说"可以"时，要注意分寸和时机，不要为了安抚孩子而做出无法兑现的承诺。比如，孩子说"今天我要一直玩游戏，不写作业了"，这个时候就不能直接说"可以"，然后生硬地转折，再否认之前的说话。这样会适得其反，让孩子认为你说话不算话。

我想要买这个玩具汽车，还要买积木，还有那个、那个……

——孩子看什么都想要？搬出之前的约定

▶▷ 场景回放

"六一"儿童节这天，妈妈带琪琪去超市，准备给他买一些他喜欢的小零食，并约定可以给他买一个玩具。

但是，到了超市，看到琳琅满目的玩具后，琪琪就变卦了，嚷嚷着说："妈妈，我想要买这个玩具汽车，还要买积木，还有那个、那个……"

✕ 错误示范

"你怎么这么贪心，什么都想要！再这样闹下去，一个都不买！"

"不行，你只能买一个玩具！汽车、积木还是其他的，快选一个！"

✓ 妈妈接话

"来超市前，我们已经说好每次只能买一个玩具，对不对？你已经买了××，所以不能再买了其他玩具了。你要遵守约定哦。"

"宝贝，我记得我们之前说过，每次出门购物只能选一样你最想要的东西，是不是？你看中的玩具汽车和积木都很棒，但你只能选一个哦。你可以好好考虑一下，哪个是你现在最想要的。"

听听 孩子的"真心话"

孩子看到什么都想要，就想着买买买，其实并不是因为贪心。

事实上，他只是在说"我喜欢它""我被它吸引了"，想要拥有它以满足自己的玩耍需求。这是因为孩子在两三岁时，就已经有了一定的自我意识，开始以自己的兴趣和喜好来行事，看见喜欢的玩具就想要立即拥有它们。

从另一方面来说，几岁的孩子对这个世界充满了好奇，急于想要探索未知的事物。玩具就是他们接触和探索世界的一种方式，所以一看到外观好看、功能奇特的玩具，他们就会充满兴趣，急切地想要得到它。

这个时候，简单粗暴的拒绝，很容易让孩子产生不满，与家长闹脾气。但如果家长能了解他们的真实想法和需求，并给予合理的反馈和建议，就可以顺利解决问题。

家长接话指南

1. 温和而坚定地重申约定

家长要了解孩子的心理和需求，提前做出合理的约定，如去超市前，约定"今天可以买一个玩具"，或者在家庭规则中约定：每次购物，只能买一个玩具等。然后，当孩子看到什么都想买时，以温和的语气提醒孩子之前的约定，强调约定的存在和重要性。

2. 必须明确说出约定是什么

拒绝孩子时，一定要明确说出之前的约定是什么，而不是模糊地说"你要遵守约定""你不守规矩"。这样才能帮助孩子理解并接受你的决定。

3. 鼓励孩子的正面行为

当孩子能够接受拒绝并表现出积极态度时，家长应及时给予肯定和鼓励，这不但有利于强化孩子的积极行为，还有利于增强他们对约定的认同感，提升自我控制能力。

我想这个周末去游乐场玩，可以吗

——说出"不"后，再给出一个替代方案

▷▷ 场景回放

周五晚上，妈妈正在房间里加班，忙着手里的工作。形形敲门进来，说："妈妈，我有事和您商量，能打扰您一会儿吗？"

妈妈停下手里的工作，询问："好的，你说说是什么事？"

形形想了想，说："和同学们聊天的时候，她们都说之前去过××游乐场，说那里很好玩。我想这个周末去游乐场玩，可以吗？"

✖ 错误示范

"不行，妈妈需要处理一个工作，没有时间带你去。"

"我这段时间很忙，没时间。下次再带你去！"

"游乐场有什么好玩的？还是别去了！"

✔ 妈妈接话

"不好意思，妈妈这周末需要加班，实在抽不出时间。不如，我们商量一下，下周末带你去，怎样？"

123

"孩子，这个周末我们不能去游乐场玩哦，因为爸爸妈妈的工作很忙，没有时间带你去。不过，晚上我可以带你去吃大餐，然后看你期盼已久的电影，你觉得怎样？"

听听 孩子的"真心话"

当孩子说"我想去游乐场玩"，却遭到家长的拒绝时，内心是失望的、沮丧的。但如果家长及时给出一个替代方案，那么孩子被拒绝的痛苦就会被冲淡。

孩子会理解家长，"妈妈的确很忙，我应该体谅她"，并尝试着接受家长的建议。尤其当家长的替代方案很具有吸引力的时候，"这周不能去游乐场，但是我可以带你去吃大餐，然后看你期盼已久的电影"，孩子还会很高兴，把之前的失望、沮丧完全抛之脑后。

因此，当你不得不拒绝孩子的要求时，可以在说"不"后，给出一个具有吸引力的替代方案。

家长接话指南

1. 给予孩子符合他心意的方案

想要说服孩子，让他愿意接受拒绝，家长必须根据孩子的兴趣爱好或需求，提供一个或多个合理的替代方案，确保方案足够吸引孩子，或能满足他的部分需求。

2. 替代方案要合理

家长给出的替代方案要合理，确保自己能真正做到。若是随口就说，不管做到做不到，一旦做不到，就会失去孩子的信任，导致亲子关系出现裂痕。

3. 给予孩子选择权

接话时，可以给出两个或三个选择方案，让孩子在替代方案中进行选择，这样可以增强孩子的参与感，让他们更愿意接受替代方案。

妈妈，我想吃冰激凌，给我买一个吧

——延迟满足，给孩子希望

▶▶ 场景回放

放学的路上，明明路过一个冰激凌店。店门口，店员正在发海报，并拿着试吃品招揽路人。

明明看着试吃品和拿着冰激凌出来的客人，口水都快流出来了，随即站在那里，不肯继续往前走。他眼巴巴地看着妈妈，说："妈妈，我想吃冰激凌，给我买一个吧！"

✗ 错误示范

"不行，你不能吃！"

"小孩子不可以吃冰激凌，你要听话。"

"冰激凌那么凉，吃了会肚子疼，你不可以吃！"

✓ 妈妈接话

"孩子，你知道吗？其实蛋糕更好吃，明天咱们去买一个吧！"

"宝贝，冰激凌确实很诱人，妈妈也想给你吃。但是我们现在有点忙，要先去办其他事情。要不这样，我们先把事情办好，等会儿妈妈带你去买一个更好吃、更特别的冰激凌，怎么样？"

听听 孩子的"真心话"

孩子提出要求时，家长总是即时满足他的要求，很容易让孩子产生"贪心"，欲望越来越强烈。接下来，只要看到喜欢的、想要的，就会想要立即得到。一旦得不到满足，就会闹脾气，或是大哭大闹，或是与家长冷战。

所以，家长不能一味地满足孩子的需要，要适当地拒绝。但拒绝也要讲究方式方法，可以借用延迟满足来拒绝。

所谓延迟满足，就是告诉孩子"我可以满足你，但你需要等待一段时间"。拒绝的同时，给孩子一个希望，让孩子明白"我可以在明天得到它"。这样一来，孩子的情绪就会得到安抚，不至于反应激烈。

同时，延迟满足还可以让孩子学会克制即时的冲动，提升自我控制能力。这有利于孩子的成长。

家长接话指南

1. 延迟满足，要给孩子讲明道理

延迟满足孩子的需求时，一定要向孩子讲明道理，让他们理解为什么需要等待。因为孩子被拒绝后，情绪是低落的，如果不能讲明道理，孩子就很难接受你的拒绝。

2. 给出明确的期限，而不是一味地说"以后"

如果不能即时满足孩子的需求，就要给出明确的期限，比如"明天""做完某件事后"，让孩子看到希望。若是孩子看不到希望，只会认为家长是在敷衍自己，不但不接受拒绝，还可能产生叛逆心理。

3. 延迟满足并不意味着不满足

很多家长认为孩子"健忘"，过不了多久，就会忘记之前的需求，于是假借延迟满足来哄骗孩子，即便到了时间也不满足孩子的需求。事实上，这很容易引起孩子的反感和不信任。所以，接话时，如果不打算答应孩子的要求，就直接拒绝，不要说"明天给你买"。

不要拿走我的 *iPad*！我还没玩够！我要玩到 *12* 点

——要求很"无理"？一开始就不要让步

▷▷ 场景回放

晚上 10 点 30 分，壮壮还窝在沙发里拿着 iPad 玩游戏，嘴里还念念有词。妈妈催促道："壮壮，现在已经很晚了，你该睡觉了！"壮壮头也不抬，立即说："不要，我再玩一会儿！"

妈妈来到壮壮面前，一边伸手拿 iPad，一边说："明天你还要上学，不能太晚睡觉哦！"

壮壮把 iPad 抱得紧紧的，着急地大喊："不要拿走我的 iPad！我还没玩够！我要玩到 12 点！"

✗ 错误示范

"玩到 12 点，那就太晚了。不如玩到 11 点，如何？要不，再给你 10 分钟？"

"我可以再让你玩一会儿，但是只能到 11 点哦……好吧，好吧。只此一次，下不为例哦！"

✓ **妈妈接话**

"宝贝，我知道你现在很想继续玩 iPad，但是我们已经约定好了每天玩 iPad 的时间。现在已经是晚上 10 点了，按照我们的约定，玩 iPad 的时间已经结束了。现在我们可以把 iPad 收起来，然后准备睡觉了。"

"孩子，如果你继续玩 iPad 到很晚，眼睛会感到很疲劳，明天可能会觉得不舒服。而且，充足的睡眠对你的成长和学习都非常重要。所以，我们需要把 iPad 收起来。"

🎧 **听听 孩子的"真心话"**

"玩游戏，玩到够为止""要玩到晚上 12 点"，显然这些要求是非常无理的。但很多时候，孩子也明确知晓这一点，尤其是年龄大的孩子，心里是发怵的。

这个时候，家长若是态度不坚定，轻易做出让步，就会让孩子得寸进尺。他们可能会想："妈妈做出让步了，那么我再坚持一下 / 哭闹一会儿，家长是不是还会妥协"，然后进一步试探家长的底线，提出更多、更无理的要求。

但如果家长一开始就态度坚定，寸步不让，孩子就会想：

"妈妈态度很强硬，我不能随意挑战她！"

"糟糕，耍赖 / 哭闹不管用，我还是乖乖听话吧！"

接下来，孩子就会乖乖听话，之后也不会提出无理要求。

家长接话指南

1. 态度要坚决，用词要委婉

虽然家长要做到"寸步不让"，但也要注意避免使用过于严厉或伤害孩子自尊心的言辞，同时，也要向孩子清晰、简洁地解释拒绝的具体原因，让他们明白为什么这个要求不能被满足。

2. 拒绝的时候对事不对人

拒绝孩子时，一定要让孩子感觉到家长是在拒绝这件事，而不是在拒绝他这个人。这就要求家长不要贬低孩子，更不要给孩子贴标签。

3. 关注孩子的情绪

拒绝孩子后，要关注他们的情绪反应，给予他们适当的安抚和支持。如果孩子表现出强烈的负面情绪，可以适当调整沟通方式或提供额外的安慰。

第八章

孩子"不合作"？换个说法效果更好

随着孩子年龄的增长，心智的逐渐成熟，会变得越来越有想法，不愿意配合家长的要求和指令。这个时候，家长越是采用强硬的方式，孩子的反抗意识越强。但如果家长换个接话方式，用积极、开放、商量等语言来引导孩子，往往能取得更好的效果。

我不要去洗碗筷！我讨厌做这件事

——变"命令式"为"期待式"，孩子更愿意接受

>> 场景回放

西西平时比较懒散，不愿承担家务劳动，比如扫地、洗碗筷等。爸爸妈妈决定纠正他的习惯，让他养成良好的生活习惯。

这天晚饭后，妈妈笑着说："西西，你去把碗筷收拾好，然后清洗干净吧！而且，从今天起，你要尝试多做一些家务劳动哦！"

西西想也没想就拒绝说："我不要去洗碗筷！我讨厌做这件事！"

✖ 错误示范

"快去！你是家里的成员，就应该承担一些家务劳动！"

"你必须去洗碗筷，没有商量的余地！快点行动！"

"我不管你讨不讨厌，每个人都要洗碗筷是家里的规矩。你必须遵守这个规定！"

✔ 好好接话

"孩子，我希望你尝试着去做，也相信你能做得好。因为你是一个勤

劳的好孩子，愿意为父母分担一些家务，对不对？"

"宝贝，我知道你不太喜欢洗碗筷，但这其实是家里每个人都需要完成的一项任务哦。洗碗筷也是一种很好的锻炼，能让你学会照顾自己和家人。要不我们试试看吧，我相信你一定能做得很好！"

"你看，碗筷需要我们的帮助才能变得干干净净，你愿意做这个小小家务小帮手吗？你的帮忙会让妈妈很开心哦！"

🎧 听听 孩子的"真心话"

当孩子不配合或不愿做某事时，很多家长习惯用命令的口吻来接话，认为只要自己严肃些、强硬些，孩子就会乖乖听从指令。

然而，简单粗暴的命令，很容易让孩子反感。你越用命令的口吻跟他说话，他就会越反感，越叛逆，从而越发不听你的话。他的心里或许会想：

"哼！爸爸妈妈就知道命令我，一点都不尊重我！"

"他们觉得什么都应该听他们的，真是太可笑了！"

"妈妈越是命令我，我就越反感，不愿意听她说话！"

即使孩子当时嘴上答应了，心里也不服气，或者只是为了避免引发父母的怒火。也就是说，孩子并不是主动愿意去做这些事，等他们长大了，反抗意识增强了，就会产生逆反心理，就会把家长的命令当成耳旁风。

等孩子到了青春期，这种抗拒和逆反心理将更强烈。他们会表面上听家长的话，但一旦父母转过身去，孩子就会像脱缰的野马，肆意去做那些不被允许的事，甚至是更叛逆的事情。

因此，即便孩子不合作，家长也应该避免用命令的口吻去回应，可以尝试把语气变软一些，采用期待式接话方式，以更积极、鼓励的方式引导孩子配合。

家长接话指南

1. 尝试理解孩子的感受

接话时，家长应尝试理解孩子不愿意洗碗筷的原因，可能是因为觉得任务无趣、疲劳或者想先做其他事情。这有助于更好地与他们沟通，避免激起孩子的反感和抵触情绪。

2. 保持耐心和尊重，避免把自己的意见强加给孩子

孩子也是有思想的，他们需要把自己的想法表达出来。接话时，家长千万不要急于强迫孩子接受自己的意见，而是要保持耐心和尊重，给予他们足够的时间和空间来表达自己的想法和感受。

3. 正确表达你的期待

使用期待式语言时还可以运用一些技巧来增强效果，比如通过目光、微笑、肢体语言等方式来传递期待和信任，还要确保真实自然，避免过度堆砌辞藻或显得矫揉造作，以便让孩子感受到真诚和鼓励。

我才放学，不想写作业，要玩游戏。等我玩够了，再去写作业

——提供一个折中的方案，平衡你和他的需求

▷▷ 场景回放

堂堂放学后，把书包放在沙发上，拿起游戏机就玩了起来。妈妈看到后，说："宝贝，我们先写作业，好吗？"说着，想要拿走堂堂手里的游戏机。

堂堂行动很快，嗖地一下跑到沙发另一边，说："我才放学，不想写作业，要玩游戏。等我玩够了，再去写作业！"

✗ 错误示范

"不行，你必须先写完作业才能玩游戏。"

"好吧，你先玩一会儿，想写作业了再写。"

"如果你现在不去写作业，我就没收你的游戏机，以后你不用想再玩游戏机了！"

137

妈妈接话

"不如我们商量一个好办法：你可以先完成一半的作业，然后玩半个小时游戏，之后把剩下的作业全做完，怎样？"

"我理解你想玩游戏，但我们先来看看今天的作业量。如果作业不多，你可以先玩一局游戏放松一下，然后立刻开始写作业；如果作业比较多，我们能不能先完成作业，然后再玩两局游戏作为奖励？"

"宝贝，你可以自己来决定学习和游戏的时间安排，但有一个前提：你必须确保在晚饭前完成所有的作业。这样，你就可以在晚饭后尽情地玩游戏了。你觉得怎么样？"

听听 孩子的"真心话"

孩子学习了一整天，感到疲惫和烦躁，不想写作业，想休息和放松一会儿，是可以理解的。不过，"玩够了，再去写作业"也是不可取的，很容易沉迷于游戏。或许孩子还会因为享受即时快乐，养成拖延的坏习惯。

但这个时候，家长若是不分青红皂白，上来就批评或责骂孩子，命令他立即去写作业，很容易让孩子反感。到那时，孩子即便放下游戏，也不能好好地完成作业。他还可能在心里抱怨：

"我只是想休息一会儿，爸爸妈妈一点都不理解我！"
"我都这么累了，还让我写作业，太可恶了！"

因此，家长可以转变一个思路——提供一个折中方案，满足孩子的部分需求。孩子知道家长是站在他们的角度思考的，是体谅他们的辛苦的，内心就会开心起来，并积极配合家长的要求。

家长接话指南

1. 方案要考虑孩子的需求，同时要避免过度妥协

折中方案应该切实可行，既要考虑到孩子的需求，也要兼顾到学习和作业的必要性。就算孩子撒娇、哭闹，也不要过度妥协，否则折中方案就失去了意义。

2. 采取商量和建议的语气

接话时，要采取商量和建议的语气，多关注孩子的意见，不要以一种强加于人的态度提出方案："要不这样……行就行，不行就算了！"这样也会让孩子感到不被尊重。

我不想收拾玩具！您帮我收拾吧

——提供选择，而不是直接命令

▶▶ 场景回放

琪琪坐在卧室的地板上，身边散落着各种玩具，手里拿着一个玩具车，玩得不亦乐乎。没过一会儿，琪琪就玩够了，跑到客厅去看动画片。

妈妈走过来提醒："宝贝，玩完了玩具要把它们收拾起来哦。收拾好了，再看动画片，好吗？"

琪琪头也不抬，继续看动画片："我不想收拾玩具！您帮我收拾吧！"

✗ 错误示范

"快点把玩具收好，别磨蹭！"

"我不会帮你，你自己的玩具自己收拾。快点收拾起来！"

"你怎么这么懒！现在立刻把玩具都收拾好，快点，快点！"

140

✓ 妈妈接话

"宝贝，玩具也需要回家哦。我们可以一起来想个办法。你是想自己收拾，还是我们一起来收拾，你选择一种方式吧。"

"我们有两个选择：一是你现在收拾，我可以提供帮助，这样会快一些；二是你等一会儿收拾，但我不会帮你，你需要花很多时间。你想选择哪个呢？"

🎧 听听 孩子的"真心话"

当孩子说"您帮我收拾吧"时，可能是觉得收拾玩具是一项枯燥或麻烦的任务，所以想要逃避或偷懒，希望家长能代替他们完成。

家长若是直接命令孩子"快点收拾""我不帮你，你自己的玩具自己收拾"，孩子并不会心甘情愿地听话。他们可能会继续通过找理由、拖延或耍赖等方式来拒绝做这件事。而若是以往这种方法奏效的话，他们更会肆无忌惮，得意地想"反正等一会儿，妈妈就会帮我收拾"。

还有一种可能，孩子年龄小，自理能力不足，平时需要父母的照顾和帮助，所以也形成了一定的依赖心理。当家长要求他收拾玩具的时候，他理所当然地寻求家长的帮助，并认为这是家长应该做的事情。

家长直接拒绝帮他，并严厉地命令他，孩子很可能无所适从，会想：

"以往妈妈都会帮助我，现在怎么不帮我了？难道妈妈不爱我了？"

所以，针对这些情况，家长最好不要采用直接命令的方式，而是尝试提供两种选择，慢慢引导孩子收拾玩具。这样可以让孩子感到家长尊重了自己的选择权，进而更愿意收拾玩具以及做好其他力所能及的事。

家长接话指南

1. 关注孩子的情绪

接话时，不管你提供什么选择，都需要关注孩子的情绪反应。如果孩子对某个选择表现出强烈的抵触情绪，可以及时调整选项，以免引起孩子的厌烦。

2. 最好提供两种选择，避免选择过多

提供选择时，最好根据孩子的需求提供两种选项，而不是提供过多的选择。选项过多，很可能让孩子感到困惑或无法做出决定，甚至感到迷茫。

3. 简洁明了地表达

孩子年龄小，理解能力比较差。接话时，家长应该简洁明了地表达出来，避免使用复杂或模糊的语言，这样可以确保孩子能够清晰地理解每个选择，并做出自己的决定。

我不想刷牙！刷牙一点不好玩

——换个"游戏玩法"，调动孩子的好奇心

▷▷ 场景回放

晚上 9 点，奥奥看完动画片，妈妈提醒他刷牙、洗脸，准备睡觉。奥奥痛快地答应了，但并没有去洗漱，而是直接跑进卧室。妈妈知道他这是在逃避刷牙，笑着说："宝贝，你还没有刷牙、洗脸哦！"

奥奥闭上眼睛，假装睡觉，说："我很困了，今天不刷牙了。"

妈妈来到床前，摇摇头，微笑着看着他。见此，奥奥央求着说："妈妈，我不想刷牙！刷牙一点不好玩！"

✖ 错误示范

"不行，小孩子必须刷牙！不刷牙牙齿会坏掉的！"

"你看看你，牙齿都变黄了，太难看了，以后可怎么见人？！"

"如果你不刷牙，明天我就不带你去公园玩了 / 就不让你看电视了！"

✅ 妈妈接话

"来，宝贝，你先帮妈妈刷牙，然后妈妈再帮你刷好不好？"

"宝贝，其实刷牙是一件有趣的事。妈妈还会唱刷牙歌呢，教给你好不好？我们宝宝的牙齿有不同的名字，这颗是兔子牙，我们要把它刷干净，刷呀刷，刷呀刷……"

"宝贝，我们让'小布偶'帮你刷牙，好不好？（准备一个小手偶，让它拿着牙刷帮孩子检查牙齿和刷牙）……我叫小布偶，我来帮你检查牙齿吧？你今天是不是吃胡萝卜了？我在你的牙齿上看到它了，我们把它赶跑好不好？"

🎧 听听 孩子的"真心话"

孩子说"不想刷牙，刷牙不好玩"时，可能是在表达他们对刷牙这一日常习惯的不适应，感觉刷牙会让自己感到不舒服。

而且，孩子天性喜欢有趣的事物，会认为刷牙是一项枯燥的任务，觉得刷牙不好玩，缺乏吸引力。尤其当家长强硬要求孩子每天早晚都要刷牙，不停地说"你要把牙刷干净""这里不干净，还需要多刷一会儿"时，这种厌烦心理就会更强烈。然后，他们会以各种理由来拖延和逃避。

但如果家长换一种思路，告诉孩子"刷牙不是任务，而是一个好玩的游戏"，那么孩子就会提升兴趣和好奇心。听着家长描述游戏，他会感觉"这很有趣！"，然后跃跃欲试，急于做这个游戏。

家长接话指南

1. 描述游戏时要声情并茂

想要激发孩子的好奇心，家长在描述游戏时，就需要做到声情并茂，用轻松、愉快的语气和表情来表达，还可以增加一些有趣的动作。

2. 巧妙地利用孩子的兴趣爱好

孩子平时有喜欢的动画片、小动物、游戏等，在讲述刷牙游戏时，可以将这些元素融入进来，增加孩子的兴趣。

3. 保持耐心，不强迫孩子

孩子可能对游戏感兴趣，但对刷牙仍有排斥心理，这个时候，家长要保持耐心，逐步吸引孩子的注意力，让他们自愿参与刷牙游戏。

我的成绩提升了一大截，已经很不错了。我不想再努力，那很累的

——强迫？唠叨？都不如激他一下

▷▷ 场景回放

最近一段时间，丹丹学习有些怠慢，学习时间少了，玩的时间多了，有时还不认真完成作业。

见此，妈妈决定找她好好谈谈，说："丹丹，你有没有发现，最近你的学习积极性不算高？努力学习才能提升成绩，对不对？"

丹丹却满不在乎地说："我的成绩提升了一大截，已经很不错了。我不想再努力，那很累的！"

✕ 错误示范

"成绩提升了一点就满足了？这远远不够！你看看那些优秀的同学，他们都在不断努力，你怎么能停下来？别找借口说累，学习就是要吃苦的！现在不努力，以后有你后悔的！赶紧去学习，别让我再发现你偷懒！"

"你看看你，刚取得一点进步就不想努力了？这可不行！你要知道，学习是一个持续的过程，不能半途而废。你现在不努力，成绩是会下滑

的，到时候哭的还是你自己。你要听话，妈妈这都是为了你好，你得再加把劲，把成绩再提上去一些！"

✅ 妈妈接话

"宝贝，你的成绩确实提升了不少。不过，你知道吗，真正的强者从不会因为一点小成绩就满足止步。难道你不想看看自己到底能有多优秀吗？难道你不想成为那个让大家都刮目相看的人吗？"

"是的，你的成绩的确很不错。不过，我听说 ×× 同学是第一，对吗？难道你不想跟他比一比？"

🎧 听听 孩子的"真心话"

虽然年龄小的孩子对事物的判断能力和明辨是非的能力还不够，但他们也有自己的思维方式。孩子在做每一件事或者不想做一件事时，都有自己的理由和想法。

在这种情况下，家长若是采取强硬的态度，强迫孩子听从自己的安排，可能会让他们感到被压制和不被尊重，从而引发强烈的逆反心理，导致他们更加不愿意配合，还会使孩子与家长之间的关系变得紧张甚至对立。而且，长期的强迫和压迫可能导致孩子产生焦虑、抑郁等心理问题，对他们的成长和发展产生负面影响。

家长若是不厌其烦地唠叨，也可能让孩子感到厌烦和不被理解，孩子心里会想：

"整天就知道唠叨，烦死了！"

"又来了，太烦人了！"

时间长了，孩子会把家长的唠叨当成"耳旁风"，对唠叨产生"抗体"，甚至会变得精神麻木。

因此，家长应该尝试了解孩子的心理，反其道而行之，利用"激将法"来让孩子配合自己。

家长接话指南

1. 根据孩子的个性来使用这一策略

并不是所有孩子都适合"激将法"，一些自尊心过强、内心敏感的孩子，更适合鼓励和奖赏，而不适合刺激，一些自信心强、不服输的孩子则适合这一策略。所以，家长要根据孩子的个性来使用这一策略，否则会适得其反。

2. 关注孩子的情绪，注意"激将"的时机

家长需要注意的是，并非所有情况下都适合使用激将法。若是孩子遭受了很大打击，或遭受了挫折无法振作，那么他们更需要的是正面的安慰与鼓励，而不是反面的刺激。

3. 注意说话分寸，刺激不要过度

激将法应适度使用，家长不能过于尖刻或伤害孩子的自尊心，也不能给孩子过大的学习压力，否则会使孩子感到被否定、不被尊重，从而加剧其厌学情绪。

我不想上台表演节目，老师却说这个是班集体的节目，每个人都必须参加

——激发成就感，孩子自然愿意去挑战

▷▷ 场景回放

晓宇从放学到吃晚饭都情绪不高，连最喜欢的可乐鸡翅也只吃了两块。妈妈担心地询问："晓宇，你好像不高兴，在学校发生什么不愉快的事了吗？"

晓宇叹了一口气，说："都怪我们老师！学校举行庆祝活动，每个班都需要表演节目。我不想上台表演节目，老师却说这个是班集体的节目，每个人都必须参加。"

说完，他还抱怨道："为什么非要逼人家做不愿做的事，真是让人气愤！"

✘ 错误示范

"你怎么这么自私，别人都积极参与，你为什么不行？"

"老师说得没错，这是班集体的活动，你必须要参加，不能搞特殊化！"

妈妈接话

"宝贝，能告诉妈妈你为什么不想参加活动吗？其实，老师说得没错，这是班集体的节目，每个人的参与都非常重要。而且，这也是你展示自己的才华的机会。对不对？想想看，当你站在舞台上，勇敢地展现出自己的才华，那会是多么有成就感的事情啊！"

"宝贝，你是班里不可或缺的一部分，你的参与能让这个节目更加完美。想象一下，当大家因为你的努力而表演得更出色时，那份荣誉和成就感是属于你们每一个人的。对不对？"

听听 孩子的"真心话"

对于不感兴趣的事，孩子通常是排斥的。尤其是对于个性强的孩子来说，更不愿参加集体活动，认为这很无趣，或者认为这是无意义的。

家长若是指责孩子"不懂事""搞特殊"，要求孩子必须参加，将更激化孩子的反抗情绪。这个时候，孩子心里是愤怒的。

对于孩子来说，家长和班主任一样不尊重自己，觉得自己的意愿被忽视和压抑，从而坚持不做那件事，或者采取更激烈的方式来反抗，或者选择逃避，如假装生病来逃避去做那件事。

但如果家长能积极引导孩子，让孩子感觉到"参加这项活动，可以展示自己的才华，是一件光荣的事""有了我，这件事才能更完美"，那么他的成就感就会被激发，心甘情愿去迎接挑战了。

家长接话指南

1. 接话前，了解孩子不愿参加活动的原因

家长需要深入了解孩子不愿参加集体活动的具体原因，是因为害羞、害怕失败、缺乏自信，还是对活动本身不感兴趣。然后具体问题具体分析，有针对性地进行激励和引导。

2. 强调集体活动的价值

如果孩子年龄较大，家长应该采取积极正向的语言，向孩子解释集体活动对个人成长、社交技能提升和团队合作的重要性，帮助他们认识到参与的价值。这样，就可以激发其成就感。

3. 适当赞美，并赞美到点上

赞美孩子，可以激发孩子的成就感和积极性。但需要注意的是，家长需要把握孩子的心理，知道孩子在意什么，喜欢听什么好话。孩子比较爱美，就说"这可以展现你的美"；孩子比较有才华，就说"这可以展示你的才华"。

第九章

孩子生气、闹别扭？
教你从冲突到和解

亲子冲突，不可避免。想要从冲突到和解，则需要家长的耐心和智慧。作为家长，学会就事论事，理解孩子的情绪，并站在孩子的角度思考问题，才能得到孩子正面的反馈，不再继续闹别扭和搞对立。

都是因为 ×× 先说我，我才打了他！这不怪我！我才不给他道歉

——就事论事，平等沟通

▷▷ 场景回放

轩轩妈妈正在上班，接到孩子班主任电话，说孩子和同学发生了争执，打了同学，影响了任课老师上课。

晚上一回到家，妈妈就把轩轩叫到身边，生气地说："你为什么总给我惹祸？你说说，刚刚开学一个月，你已经惹了多少祸了？！明天到学校，你要给老师和同学道歉，知道吗？"

轩轩听到妈妈的责备，情绪非常激动，大声喊道："都是因为 ×× 先说我，我才打了他！这不怪我！我才不给他道歉！"

✗ 错误示范

"打人，就不是好孩子！明天你必须给人家道歉！"

"你还狡辩？！不管什么事，你总是爱为自己狡辩！"

"就算是这样，这也不是你打架的理由！明天，你必须向老师承认错误，保证以后再也不犯！"

✅ 好好接话

"你说出了你的理由，但在我看来，这件事错在你，你没有遵守学校的制度，与同学争吵、打架，扰乱课堂纪律……"

"我理解你可能觉得很委屈，因为××先说了你。其实你可以用其他方式来解决问题，比如……但既然你冲动之下打了人家，就应该对自己的行为负责。你可以就打人向××道歉，然后要求他就说你这件事，向你道歉。"

🎧 听听 孩子的"真心话"

家长不问缘由，直接批评和责骂孩子时，孩子心里是委屈的，是愤怒的。正因为这样，轩轩才会情绪激动地喊出"这不怪我！""我才不给他道歉！"这样的话语。

事实上，这是孩子在进行自我辩护，也是向父母进行抗议。

这种情况下，家长依旧不听孩子的解释，强硬地命令孩子道歉，或者认为孩子在挑战自己的权威，忽略事实，发泄自己的怒气，很容易激化矛盾。这不但不能让孩子选择道歉，还会促使孩子做出过激行为，比如与家长发生激烈争吵，离家出走，甚至拒绝去上学，等等。

类似的事情多了，孩子可能会变得更加叛逆，故意与父母的权威对抗，不再与父母沟通，导致亲子关系越来越疏远。

因此，遇到类似情况，家长应该给孩子申诉、解释的权利，并且就事论事地讨论这件事，引导孩子认识到自己的错误在哪里。

家长接话指南

1. 避免情绪化回应

无论孩子的行为如何，家长都应保持冷静和理智，避免情绪化的回应，不能只顾着发泄自己的怒气，也不能为了所谓的面子，不分青红皂白地训斥孩子。这样可以更好地分析问题，并找到合理的解决方案。

2. 尊重孩子，避免滥用父母权威

接话时，家长千万不能因为孩子小，就不重视他们的看法，不给他们申诉的机会。一定要避免说出类似的话："不管对错，你必须听我的！""我让你道歉，你必须去道歉！"

3. 就事论事，引导孩子认识错误

接话时，家长应专注于当前的问题，就事论事，而不是将过去的错误或无关的事情牵扯进来。如果孩子的确有错，要明确地告诉孩子：这件事就是你做错了，你要意识到这件事的错误性。如果孩子在认识上存在误区，父母就要循循善诱地进行启发和开导。

我就是要参加足球队！凭什么你们总是干涉我的兴趣？！凭什么总是要控制我

——先别压制情绪，试着和孩子站在同一阵营

>> 场景回放

皓皓非常喜欢踢足球，平时一有时间就和小伙伴们在公园里练习。这天，他兴奋地跑到爸爸妈妈面前，说："爸爸妈妈，我被学校足球队选上了！以后每天要晚回家一个小时，因为要在学校练习踢球。"

听到这话，妈妈皱起眉头，说："孩子，你已经读五年级了，作业越来越多，每天练习踢球会耽误学习。还是别参加足球队了，好吗？"

皓皓急了，连忙说："我不会耽误学习的！我喜欢踢球，就让我参加吧！"

爸爸见状，也开口说道："我不同意。每天练球不说，周末和假期还要到处参加比赛，这得浪费多少时间！你跟老师说退出吧。"

皓皓猛地站起身，情绪激动地喊道："我就是要参加足球队！凭什么你们总是干涉我的兴趣？！凭什么总是要控制我？！"

✗ 错误示范

"你不要胡闹！反正我不同意你参加足球队，说什么都没用！因为现在你的任务是搞好学习……"

"你怎么这么不懂事，刚说你几句，就冲着我们发脾气！我们都是为你好，你知道吗？不好好学习，只追求兴趣爱好，能考上好的大学吗？"

✓ 妈妈接话

"孩子，你现在有一些激动，这样可能解决不了问题。来，深呼吸，让我们都冷静一下，也好好想一想，看看如何解决这个问题。其实，爸爸妈妈不反对你参加足球队，也不会阻止你追求自己的兴趣……"

"孩子，我理解你对足球的热爱，也明白你希望自主决定自己的兴趣。爸爸妈妈并不是想干涉或控制你，而是担心你会因为过度投入练习足球而忽略了其他重要的事情，比如学习和休息。我们可以制订一个平衡足球和其他活动的计划，你觉得怎么样？"

听听 孩子的"真心话"

孩子的决定被否定，情绪失控，发脾气，很多家长往往会以硬碰硬，压制孩子的情绪。如，对孩子说："不要胡闹！""再发脾气，我就生气了！"

但事实上，由于情绪被压制，孩子可能会更加愤怒，通过更激烈的行为来表达自己的不满和抗议，如哭闹、摔东西等。时间长了，孩子还会变得情绪化、易怒或难以控制自己的情绪。

更为严重的是，情绪被长时间压制，孩子可能会开始怀疑自己的价值和能力。他们可能会认为自己在家长眼中一无是处，从而产生自卑感和自我否定的情绪。

因此，面对孩子发脾气的情况，家长应避免简单地压制孩子的情绪，而是应该尝试理解孩子的感受和需求，以温和、理性的方式与孩子沟通，以便于帮助孩子学会合理表达情绪和管理情绪。

家长接话指南

1. 倾听孩子的不满，对孩子表示理解

接话时，首先应该耐心倾听孩子的抱怨和不满，告诉他你理解他的立场和感受，这有助于建立信任，让孩子感受到被尊重和理解。比如，可以采取"共情沟通"的方式，告诉孩子"我理解你对足球的热爱"，让孩子的情绪有所缓解。

2. 引导孩子控制情绪

家长应该尝试采用积极的语言，引导孩子冷静下来，或者采取有效方法，让孩子尝试控制自己的情绪，比如"你可以深呼吸""你的情绪很激动，不如先独自待一会儿，10分钟后我们再沟通，怎样？"

3. 设立界限

站在孩子的角度思考问题的同时，也要明确表达家长的界限和期望，让孩子明白哪些行为是可以接受的，哪些是不可以接受的。

159

您不同意，我也要和同学去骑行！我们已经约好了

——允许孩子自己决定，同时帮他权衡风险

▶▶ 场景回放

星星已经 12 岁，为了上下学方便，爸爸妈妈给他买了一辆自行车。这天，他兴奋地对妈妈说："妈妈，春天到了，很多人都去郊外骑行。我和几个同学也想去，可以吗？"

妈妈好奇地问："你们打算去哪儿？是附近的公园吗？"

星星摇摇头，说："不是，我们想去郊外，那里的风景更好。"

听到这话，妈妈连忙摇头："那可不行。你们年纪还小，不能单独骑那么远，太危险了。"

星星一下子急了，固执地坚持自己的想法："哼！就算您不同意，我也要和同学去！我们已经约好了！"

✗ 错误示范

"这不是你能决定的！现在立刻联系同学取消活动！如果你不联系，那我来帮你联系！"

"就算你已经约好了也没用！反正我不会让你去骑行，这件事没得商量！"

"是不是觉得自己已经长大了，不需要我们管了？信不信我教训你！"

✔ 妈妈接话

"孩子，你可以自己决定是否参加，但爸爸妈妈希望你先考虑安全问题和可能的风险。例如，路线是否安全？天气是否适宜？准备是否充分？如果你能确保这些方面都没问题，并且已经做好了充分的准备，那么我支持你的决定。"

"孩子，你可以按照自己的想法去尝试，但也要为结果负责。你需要认真思考，自己是否能承担这个责任。比如，如果途中发生交通意外，你们该如何应对？你们还未成年，是否具备足够的处理能力？能承担由此带来的后果吗？"

🎧 听听 孩子的"真心话"

在许多家长眼中，孩子无论多大，始终是"孩子"，永远需要父母的引导和干预。受这种思维局限的影响，他们习惯性地替孩子做决定，要求孩子按照自己的想法行事，经常说："你应该这样做……"或"这不是你说了算的。"

然而，随着年龄的增长，孩子的自主意识和独立意识会变得越来越强，同时也具备了一定的思维能力和判断力。他们对自己的兴趣、能力以及想做的事情已有清晰的认识，因此会据理力争，表达"我要自己做主"的强烈意愿。

如果此时家长采取强硬手段，拒绝给予孩子决定权，或者用威胁的方式要求孩子必须听从自己，只会导致两种结果：一是孩子逐渐封闭自己，不再愿意与家长沟通；二是产生对抗心理，家长越是不让做的事情，孩子反而越想去尝试。

因此，家长应尊重孩子日益增强的"成人感"，在适当的范围内给予他们自主权，让他们学会独立决策，培养责任感。

家长接话指南

1. 根据孩子的年龄，给予一定的自主权

家长应尊重孩子，给予他们自主决策的权利，但这并不意味着放任不管。由于孩子的认知能力有限，家长需要具体问题具体分析，根据他们的年龄、认知水平和社会经验，合理分配决策权，可给予三分之一或三分之二的选择空间，以帮助他们在成长中逐步学会独立思考和承担责任。

2. 积极引导孩子理性思考

在允许孩子自主做决定的同时，家长应引导他们进行理性思考，分析各种可能性和后果，帮助他们学会权衡利弊，并考虑不同选择的长远影响。

3. 说到做到，不要出尔反尔

父母最忌讳的就是出尔反尔、言而无信。回应孩子时，千万不能上一刻答应给予他们决策权，下一刻又推翻自己的话。这样的做法只会削弱孩子对父母的信任，在亲子关系中埋下隐患。

我都说不要进我房间……出去，不要烦我

——划出言语和行为的界限，告知孩子你的底线

▷▷ 场景回放

芳芳已经12岁了，越来越重视个人隐私，她要求父母进房间前必须敲门，未经允许不能随意进入。

这天，芳芳情绪低落地回家，妈妈关切地问她发生了什么事，但她没有回应，直接走进房间，关上了门。

妈妈走到门前，一边敲门一边询问："芳芳，我可以进来吗？你怎么了？"

然而，过了好一会儿，房间里依然没有回应。妈妈有些担心，便推开门走了进去。

没想到，还没等她开口，芳芳便情绪激动地喊道："我都说了不要进我房间……出去，不要烦我！"

❌ 错误示范

"我是你妈妈，进你房间怎么了？你竟然还嫌我烦？"

"你怎么这么不懂事？我是在关心你，你怎么能这样说话？而且，这

是我的房子，我有权去任何地方！"

"你不说话是什么意思？！我关心你，你却连理都不理，太过分了！行，以后我再也不管你了！"

妈妈接话

"你现在说话的方式让人很不舒服！即使和父母有冲突，也必须保持尊重，这是我的底线！"

"我理解你现在情绪不好，但请注意你的言辞。作为家长，我有责任关心你的生活和安全，所以在必要时会进入你的房间。但我也会尊重你的隐私，今后会先敲门再进。但同时，你也要注意自己的言行，尊重父母，不能说不礼貌的话。"

听听 孩子的"真心话"

当孩子说"出去，不要烦我"时，其实是在表达对个人空间或隐私的需求，同时借此宣泄内心的烦躁情绪，维护自己的界限。

然而，许多孩子并未意识到，这样的表达方式是不妥的，也是一种对父母的不尊重。

此时，家长应避免被孩子的情绪牵动，更不要因此发脾气，否则不仅无法让孩子认识到自己的言行不当，反而可能激化情绪，导致孩子形成习惯，日后对父母更加不敬，甚至做出更过分的举动。

当孩子说出不礼貌的话或做出过分的行为时，正确的回应方式是保持冷静，并明确告诉他："这种行为是不被允许的！"

家长接话指南

1. 明确表达底线

接话时，家长的表达要明确，清楚地告诉孩子哪些言语是不被接受的，以及这些言语可能带来的后果。同时，也要明确家长的行为底线，让孩子明白哪些行为是可以接受的，哪些是不可取的。

2. 态度要严肃，但不必声色俱厉

与孩子沟通时，家长的态度要严肃，不能过于随意，以便让孩子认真对待。但也不必过于严厉，更不应该通过诉苦或埋怨来激起孩子的"愧疚感"。这样的沟通方式或许一时奏效，但久而久之，效果会大打折扣。

不是我的错，您冤枉我！哼！我不理您了

——错怪孩子，家长该怎样说"对不起"

▷▷ 场景回放

妈妈在厨房做午饭，糖糖一个人在客厅里玩游戏，不时跑来跑去。突然，只听"啪"的一声响，紧接着糖糖惊叫了一声："啊！"

妈妈赶紧跑过来，看到电视柜上的花瓶摔在地上，花束和水洒了一地，而糖糖则手足无措地站在一旁。

妈妈神色严肃地问："花瓶是你碰掉的吗？不是告诉过你要小心，不要乱跑吗？"

糖糖噘起小嘴，气呼呼地反驳："是猫咪碰掉的！不是我的错，您冤枉我！哼！我不理您了！"

✖ 错误示范

"别把错推到猫咪身上！肯定是你碰掉的！"

"真的吗？行了行了，就算是我错了，总可以吧？"

"就算我错怪了你，你也不能发脾气！现在这样闹，是想让我给你道歉吗？！"

✅ **妈妈接话**

"对不起，妈妈没有先了解事情原委就批评你，这是我的错。你能原谅妈妈吗？现在能和妈妈说说，到底是怎么回事吗？"

"对不起，孩子，刚才是我错怪你了，请原谅妈妈 / 爸爸。我太着急了，所以误会了你。我知道这让你感到委屈，以后我会更认真听你的解释。现在能告诉我事情的真相吗？我们一起想办法解决问题。"

🎧 **听听 孩子的"真心话"**

孩子说："不是我的错，您冤枉我！哼！我不理您了！"是在表达委屈和愤怒，同时也是在为自己澄清和辩解。此时，孩子渴望得到父母的理解，希望家长能向自己道歉，还自己一个清白。

如果家长不承认错误，也不愿向孩子道歉，孩子会更加愤怒，觉得"这很不公平"！长此以往，当他们自己犯错时，可能会产生"既然父母都不认错，我又凭什么认错"的想法，从而拒绝承认自己的错误。久而久之，孩子还可能对父母失去信任，对家长的教诲充耳不闻。

如果家长只是敷衍地认错，道歉缺乏诚意，孩子同样会感到愤怒，并加深对家长的不信任。更重要的是，他们可能会模仿家长的态度，在未来的相处中变得敷衍甚至不愿承担责任。

因此，如果错怪了孩子，家长要勇敢地承认错误，蹲下来，真诚地说一句："对不起，我不该用这样的方式对待你。"这样，孩子会感受到父母的爱与尊重，理解父母是讲道理的，从而在未来也学会勇敢面对自己的错误，成为一个有担当的人。

167

家长接话指南

1. 态度诚恳，不要敷衍

向孩子承认错误时，态度要诚恳，不能敷衍。否则，不仅难以获得孩子的原谅，还可能让孩子失去对父母的信任。

2. 明确告诉孩子"我错在哪里了"

家长向孩子承认错误时，一定要清楚地告诉孩子自己道歉的原因。否则，孩子可能不明白父母为什么要道歉。特别是面对年幼的孩子，如果家长没有明确说明认错的理由，孩子可能误以为只要闹情绪，父母就会无条件妥协，从而混淆是非观，甚至变得越来越胡搅蛮缠。

3. 讲原则，不因孩子哭闹而随意认错

向孩子承认错误时要讲原则，做错了就勇敢道歉，没错就不应随意道歉。不能因为批评孩子后看到他哭泣，出于心疼就道歉。否则，道歉将失去真正的意义，还可能让孩子产生错误认知，导致价值观混乱。